i

为了人与书的相遇

异乡人的都市生存

严飞 著

广西师范大学出版社
·桂林·

图书在版编目(CIP)数据

悬浮:异乡人的都市生存 / 严飞著. —— 桂林:广西师范大学出版社, 2022.10
ISBN 978-7-5598-5477-3

Ⅰ.①悬… Ⅱ.①严… Ⅲ.①社会生活-概况-中国-现代 Ⅳ.①D669

中国版本图书馆CIP数据核字(2022)第181202号

广西师范大学出版社出版发行
广西桂林市五里店路9号　邮政编码:541004
网址:www.bbtpress.com

出　版　人:黄轩庄
责任编辑:揭志勇
特约编辑:张　卉
封面设计:高　熹
内文制作:李丹华　陈基胜
全国新华书店经销
发行热线:010-64284815
山东新华印务有限公司

开本:850mm×1168mm　1/32
印张:10.125　　字数:183千字
2022年10月第1版　2022年10月第1次印刷
定价:68.00元

如发现印装质量问题,影响阅读,请与出版社发行部门联系调换。

献给我的家人和朋友

以及

那些需要被看见的人

前 言
附近的小世界

加拿大城市研究学者哈罗德·乔尼（Harold Chorney）在《梦想之城》(*City of Dreams*)中曾这样描绘城市：

> 城市召唤着我们心中潜藏的梦想，因为广大与多样的城市世界，意味着幻想、希望、偶尔的满足和忧伤、期待、孤独……城市不仅是一个地方，也是一个变化之地，一座梦想之城。[1]

但对那些在城市中漂泊无根的外来打工者来说，城市却只是一幅由小世界组成的画，他们像马赛克瓷片一样彼此接

---

[1] Chorney, Harold. 1990. *City of Dreams: Social Theory and the Urban Experience*. Ontario: Nelson Canada, p. 2.

触却无法渗透。[1]他们带着城市生活之外的历史和记忆进入城市，在身体上完成了从乡土到城市的"脱嵌"，他们想要拥抱新世界，却在庞杂的城市中难以寻求"再嵌"；而旧世界里的故乡，却与自己又越来越疏离、模糊。

这是一种时代的荒诞。在《西绪福斯神话》里，法国作家加缪对荒诞有着深刻洞见：

> ……但是在一个突然被剥夺了幻觉和光明的宇宙中，人就感到自己是个局外人。这种放逐无可救药，因为人被剥夺了对故乡的回忆和对乐土的希望。这种人和生活的分离，演员和布景的分离，正是荒诞感。[2]

尽管"被剥夺了对故乡的回忆"，作为都市里的陌生人，这些外来务工者中的绝大部分，也许从没想过要在城市中扎根，无论如何漂泊，终归还是要回到家乡。过往苦痛的生活场景，或是远方留守的亲人，构成了他们在城市坚定生活的信心，也成了他们的一种希望、一种支撑。

在这样一个彼此接触却无法渗透的城市体系中，我们如

---

[1] Park, Robert and Ernest Burgess. 1925. *The City: Suggestions for Investigation of Human Behavior in the Urban Environment.* Chicago, IL: University of Chicago Press, p. 40.

[2] 阿尔贝·加缪，《局外人·西绪福斯神话》，郭宏安译，译林出版社，2011年，页88。

何重新打造一个新的情境，帮助这些流动外来务工者，在快速变动的社会脉动之下，寻找到存在的意义？

我把我的研究视域定格在我们身边、我们的日常，在不断延展的大城市里，看见附近的小世界。

在我们的身边，有一个附近的小世界，我们每日都会和很多陌生人产生千丝万缕的联系，比如快递小哥、外卖小哥、网约车司机、地铁安检员、共享单车运营师、保安、门卫、家政工、搬运工、维修师傅，以及其他在固定的时间里出现在我们生活中的普通人。

但是对于身边这些频繁而简单的接触，我们太过习以为常，只把他们当作有偶然交集的一类人，而不会像对待家人、朋友那样亲近地花时间了解他们。虽然我们同在一个空间、同处一个时段，甚至处在相互配合、相互需要的关系中，但我们对这些人依然是不了解的，也不愿意去做哪怕是聊聊天的尝试，即便我们不经意中发现，每次上门送快递、送外卖的，可能就是同一个人。

而他们，也许刚刚跟着同村的亲戚落脚城市，眼里的一切都很新鲜；也许已下定决心，做完这个月的活就结束漂泊返回老家；也许正在犯愁，即将入学的孩子到底是留在身边还是送回老家；也许仅仅只是机械地分拆着快递的包裹，有一日工做一日工，对未来已全然麻木。

这些隐藏的琐碎故事，和我们有关系吗？值得我们去特别关注吗？这一个附近的小世界，是否真的如此重要？

这些都市的边缘人也在"生存"，而非只是"存在"。存在是一种静态，生存却是一个过程，并被身后复杂的城市发展逻辑深深缠绕。正如英国学者雷蒙·威廉斯（Raymond Williams）在《乡村与城市》（*The Country and the City*）一书中所追溯的城市与乡村的悖论关系——城市与乡村之间并不是"作为单数的存在"，二者之间存在着"多样中介和新形式的社会组织"，而所谓的"空间"，只不过是意识形态和权力关系建构的结果。[1]

我再举个小的例子。我们时常会使用一些生活服务类软件，在固定的时间点请一位家政阿姨上门打扫卫生。次数多了就会遇到很多不同的阿姨，在发现其中一位阿姨干活麻利、手脚勤快，而且很亲和，会不断地和我们有很多的交流时，我们也许就会主动加一个微信、留一个联系方式，然后开始每周或者每两周给这位阿姨发信息，请她来打扫卫生。

以此类推，有很多类似的场景——我们都会有自己一直找的理发师，有固定常去的面馆、小吃店，并认识里面的服务员或小老板。在日常生活中，我们慢慢地和这些陌生人建立起了小小的连接。但是可能突然有一天，固定上门做保洁

---

1 Williams, Raymond. 1973. *The Country and the City*. New York: Oxford University Press.

的阿姨联系不上了，常去的小吃店贴出了关门停业的告示，问了店老板却发现他已经离开了北京，而他们离开的原因或许是某次正在发生的城市整治，或是城市急剧而猛烈的功能性转变。在这一过程中，城市中很多的边缘务工者只能迫不得已地割裂与原有生活网络的连接，开始一段新的漂泊之旅，寻找下一段归宿。正如波兰社会学家齐格蒙特·鲍曼（Zygmunt Bauman）所说的："通往身份的道路上，是一场持久战，是自由之欲与安全之需之间的一场永无休止的战斗，并总是受到孤独之忧与无能之惧的折磨。"[1]

另一个例子则会更加温情。在东莞有一位打工者，在打工期间他每周都去城市图书馆阅读不同门类的书籍。在即将离开东莞之前，他写了一封很长的信，写到他打工非常辛苦，但是每到周末可以在城市中有这样一处安静的地方让他去阅读，去浸润其间获取知识，对他而言是一种精神上的力量和财富，让他体会到了城市的温情，不再都是人和人之间算计、功利、斤斤计较的戒备状态。

日本当代建筑师伊东丰雄在《建筑改变日本》一书中就写道："每当清晨我在家周围散步，发现已难寻那些为自家

---

[1] "The road to identity is a running battle and an interminable struggle between the desire for freedom and the need for security, haunted by fear of loneliness and a dread of incapacitation." Bauman, Zygmunt. 2005. *Liquid Life*. London: Polity Press, p. 30. 中文版参见齐格蒙特·鲍曼，《流动的生活》，徐朝友译，江苏人民出版社，2012年，页33。

门前的盆栽浇水，或是洒扫街道的老人们的身影时，都禁不住去想：他们如今都在哪里，过着怎样的生活。"[1]这些关联的故事让我们不禁思考，在我们附近的小世界中的他们，为什么会选择离开？他们的选择背后，又有着怎样的社会结构性力量，推动着他们主动抑或被动做出选择？

每一个外来打工者，或多或少都处在边缘和撕裂的状态，都会有自己的挣扎和焦虑。在边缘游走的每个人状态也许并不相同，他们有着各自的过往和不同的人生经历。但当他们出现在我们附近的小世界里，在和我们产生交集的那个瞬间，我们应当把他们当成一个个完整的人去看待，感受到对方的质地，从而在意义层面形成人和人之间的联结，这是一种温暖的投射。

我们要把光打过去。

仅仅打光并不足够，我们还要发现他们的美。这个美也许是低到泥土里的、带着陌生印记的、不堪重负的。但是，这个美有其独特的价值，是福柯笔下"无名者"的美，需要我们用社会学细致的田野观察和自觉的价值关怀，站在他们的角度去看他们眼中的世界，并去重新建构一个充满温情连接的附近的小世界。

---

[1] 伊东丰雄，《建筑改变日本》，寇佳意译，西苑出版社，2017年，页3。

目 录

前　言　附近的小世界　　　　　　　　　　　　　i

第一章　都市里的陌生人　　　　　　　　　　001
第二章　文学课　　　　　　　　　　　　　　035
第三章　菜市场　　　　　　　　　　　　　　093
第四章　手艺活　　　　　　　　　　　　　　163
第五章　岔路口　　　　　　　　　　　　　　209
第六章　爬出洞穴：来自田野的反思　　　　　245

尾　声　与项飙对话：附近，一个社会学视角　281

北京，前英子胡同
晾衣架下面晒着捡来的米奇玩具

第一章

都市里的陌生人

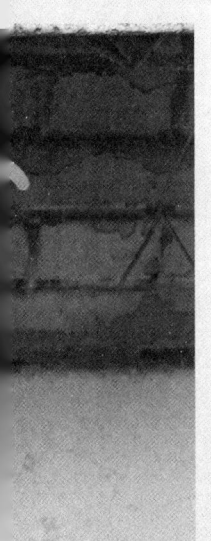

张楷 / 摄

他们从家乡农村来到一个全然陌生的大都市，渴望融入城市的生活，却又常常没有办法走入都市的繁华和喧闹，只能蜷缩在类似前英子胡同这样的城市角落中，只有同样经历漂泊人生的老奶奶才愿意向他们伸出帮助之手；他们思念故乡，然而故乡又成了再也回不去的他乡。他们的城市精神生活，展现出了怎样的特质？精神生活的背后，又如何折射出漂泊打工的不堪和辛酸？

城市旅居者

> 我似乎回到了家，但这不是我的家。
>
> ——芭芭拉·卡森《乡愁》

北京，前英子胡同。

从灵境胡同地铁站向马路对面走一小段路，就来到了前英子胡同，胡同口外有一家烤鸡快餐店。"百度百科"上对这一条不起眼的小胡同有着如下描绘："周边空气清晰、环境迷人，绿化面积大。"但沿着凹凸不平的水泥路进入胡同，看到的是一排低矮破败的平房，平房区的外墙上是成排的电表，供电线杂乱无章地搭着；胡同的角落处堆着杂物，半空里还悬挂了绳索，晾着各种颜色样式的大小衣服……

我们来到这里，是想寻访北京的洗衣工。

居住在前英子胡同这个角落里的，绝大多数是漂泊在北京的外来农民工，有餐馆里的洗碗工、在附近公司看大门的保安、定期为小区居民做保洁的钟点工、上门搬家的搬运工。他们不在北京长期定居，只在这据说随时会被拆迁的胡同角落寻觅到可供暂歇的廉价居所。

这里还住着一位帮别人洗衣服的"老北漂"。这位老奶奶祖上在内蒙古，随母亲来到北京，现在80多岁了，虽然佝偻着脊背，可身子骨还很硬朗，心态也极好。她的日常生活就是拾捡纸壳攒着卖钱，我们见到她的时候，她正在晾衣架下面晒着捡来的米奇玩偶。

我非常好奇，在洗衣机已经非常普及的今天，为什么还会有人在做着帮人洗衣服的活？

老奶奶坦然相告，她们这一代已经没有洗衣工了。她母亲那一代还有，在当时，胡同里的街坊邻居聚在一起，以帮人洗衣服谋生。今天，她也会顺带着给邻居洗洗衣服，但都不要报酬。"他们在北京打工，谁都不容易，我就是随手帮帮忙。"

我们关于北京洗衣工的调查自然只好告一段落，但是田野里这一段有趣的寻访，却让我们看到了另一幅画面：一群外来打工者，像候鸟一样不断迁徙，落脚在一个小胡同里。在日新月异的繁华城市中，他们是格格不入的陌生人；而在这个小胡同里，他们却相互帮衬，彼此之间拥有着自然的默契与和睦。

在社会学城市民族志的早期研究中，洗衣工是一个经典的被观察对象。在《中国洗衣工》(*The Chinese Laundryman*)

里，华裔学者萧振鹏（Paul C. P. Siu）细致描绘了20世纪30年代背井离乡移民美国芝加哥的中国洗衣工，他们在完全陌生的环境里开设一家小小的洗衣馆，通过帮人洗衣服在大洋彼岸艰难谋生，同时还要赡养在中国的妻儿。然而在美国邻居的眼里，他们却只是一件像"洗衣机"一样的机器、一件工具。在和美国生活完全隔绝的小世界里，这些洗衣工"并不试图在新的社会中寻求社会地位，在心理上也并不愿意作为旅居社会的永久居住者来组织自己的生活。虽然在新的社会世界已生活数十年，他却时时想要回到旧的世界"[1]。

对华人洗衣工的研究，产生了一个非常重要的社会学概念："旅居者（sojourner）"。由于制度的藩篱、文化的隔膜、主体能力的局限等多方面原因，"旅居者"往往只能游离在城市的边缘，不断遭受不平等对待、孤立和隔离，被迫在劳动力市场上屈居从属地位，成为城市里的边缘人。同时，他们又面临着新旧生活和价值观念的相互冲击，也不断寻求解决的方法，却又常常得不到制度性的帮助，个体化人生只能处于"靠自己而活"的现实窘境。正如齐格蒙特·鲍曼所指出的，"个体不得不面对稳定的压力，即不得不凭借个体的

---

[1] Siu, Paul. 1987. *The Chinese Laundryman: A Study of Social Isolation*. New York: New York University Press. 关于芝加哥中国洗衣工的系统介绍，参见杜月，《芝加哥舞女、中国洗衣工与北平囚犯：都市中的陌生人》，《社会》，2020年第4期。

力量去解决不断变化的社会条件带来的不可预测性、非连续性和空虚"[1],他们不得不以孤独的自我奋斗来应对新的环境和充满不确定性的未来。

作为一名社会学学者,我非常喜欢将视角下沉,去关注城市社会里的边缘群体,倾听他们的故事,记录他们的心路历程。他们从家乡农村来到一个全然陌生的大都市,渴望融入城市的生活,却又常常没有办法走入都市的繁华和喧闹,只能蜷缩在类似前英子胡同这样的城市角落中,只有同样经历漂泊人生的老奶奶才愿意向他们伸出帮助之手;他们思念故乡,然而故乡又成了再也回不去的他乡。他们的城市精神生活,展现出了怎样的特质?精神生活的背后,又如何折射出漂泊打工的不堪和辛酸?

在当下的语境里,这些怀揣梦想和希望、背负辛酸和苦痛的漂泊者、旅居者、边缘人,有着一个更为大众所熟知的名字:外来务工者。[2] "务工"一词,本身已经诠释了他们从

---

[1] 齐格蒙特·鲍曼,《被围困的社会》,郇建立译,江苏人民出版社,2005年,页16。
[2] 外来务工者又被称为外来农民工、外来打工人口、流动人口,这几年伴随着新一代农民工进城,以及平台经济的普及,外来务工者也被称为新生代农民工、新蓝领、新市民。他们是户籍地在农村,进入城区从事非农业劳动,以非农业收入为主要收入的劳动者。在身份上,无论是"农民+工"或是"农+民工",他们都兼有两种身份或双重角色,并且均以乡土的"农"为起点,以城市的"工"为归宿。参见沈立人,《中国农民工》,民主与建设出版社,2005年,页52。

个体变成劳动主体的过程，并且决定了他们的劳动身份：他们不再是计划经济时代拥有权利地位的"工人阶级"，也不再是"面朝黄土背朝天"从事传统农活的"农民阶级"。"务工"意味着劳动只是临时性的工作，是随时会被解雇的劳动身份，无法享受到诸如住房补贴、医保、教育等城市户籍居民所享有的福利待遇。

绝大部分外来务工者在离开家乡之前就已经非常清楚，他们将要在庞杂的城市生态体系里寻找一个容得下自己的缝隙。每天长时间工作，居住在窄小逼仄的出租房里，梦想着赚到更多的钱。他们知道城市和农村的生活之间存在着巨大差异；他们知道自己将要出卖劳动；他们知道将会遭受人生从没遇过的委屈。他们几乎什么都知道。然而，他们背井离乡进入城市的欲望和梦想又是如此强烈。除了被"外面的世界很精彩"所吸引之外，他们这种强烈的打工欲望也来自两种诱惑，仿佛一枚硬币的两面：一面是工作赚钱与家庭之间的挣扎，另一面是城乡间的巨大不平衡所带来的外溢效应。当我们将这些外来务工者的人生轨迹放置于时代变革的大背景之下，以更加广阔的宏观视角看去时，我们可以很清晰地描画出一条城乡差别不断加剧的社会分化曲线，而曲线上的每一个拐点，都见证了无数打工者逃离家乡农村，进入城市改变生存状态的城乡流动。

这些城市务工者推动了城市的更新和经济的发展，却不断受到地域和身份的双重歧视，无法获得平等的待遇。他们的故事与体验、疼痛与煎熬、尖叫与企盼交织在一起，正是他们在中国社会急剧重构的资本与文化的巨大压力下进行自我表达的最真实形态。他们的背后，不知藏着多少创伤和挣扎。身为外来流动人口、进城打工者，他们是游离在都市中的陌生人，随时可以到来也随时可能离开，他们的声音也因此注定无法曝露在社会主流话语之中，只会被轻易地忽略和覆盖。

从奔赴到离开

学者廉思在调查城市快递员生存状况时，曾用"蜂鸟"来形容这一群体：

> 他们穿梭于偌大城市里的每一处犄角旮旯，如蜂鸟般不停地扇动翅膀，试图悬停在城乡的上空。每次的城市游走，每次的回家探亲，都让他们无所适从。唯一确定的，只有不停地向上飞翔，努力让自己不跌落而下。[1]

---

[1] 廉思，《中国青年发展报告 No.4：悬停城乡间的蜂鸟》，社会科学文献出版社，2019 年，页 4。

这种"如蜂鸟般不停地扇动翅膀"的悬浮式生存，不仅适用于描绘快递小哥，在各职业的城市外来务工群体身上，都有着淋漓尽致的体现。

具体而言，他们有两个新特点特别值得我们关注。

第一，在迁移流动模式上，伴随着城乡双向拉力的不断减弱，"农村—城市"之间的迁徙已经不再是当前外来务工人员的主要流动状态，而悬停于城市或"城市—城市"之间的流动正在成为常态。

对于20世纪八九十年代进城务工的第一代农民工群体来说，他们对城市的整体认同感较低，在工作城市与家乡农村之间更多的是像"候鸟"一样进行往返流动，而每一次"迁徙"常常伴随着"工作—返乡—再找工作"的工作转换。这种候鸟式的流动，其动力来源于城市与农村两端的"工作机会"与"传统乡土关系"，即使在城市中无法生存，依旧可以选择回乡务农，土地才是他们精神上的"根"。

而新一代的外来务工群体，他们更多处于一种"离农"状态，土地只是他们不得不背负的沉重负担。一方面，他们对于乡土社会的情感趋向淡漠，也普遍匮乏乡土社会的生产和劳作经验。随着与乡村传统社会的联系日渐式微，农村"空心化"、老龄化等现象使得农村乡土的吸引力也逐步下降，新一代因此很难再像先辈那样，真正回到农村。

同时，他们对城市又有着更深的渴望，这源于对城市社会更加丰富多彩的生活模式、消费享受的想象。新一代务工群体对于进城有着较高的期望，梦想着洗掉自己身上的"泥土味"。但囿于包括户籍制度在内的中国城乡二元结构的障碍，他们很难真正完全融入城市。城市高昂的房价等生活成本，以及缺乏身份的依托，使得他们对城市生活的美好期待很难实现。因此，一个更为普遍的选择是回到县城或者镇上。经济条件稍好一些的，还会在县城里买一套商品房留给下一代。

另一部分人在这种受挫下，会主动寻求离职，乐意陷入一种"主动失业"的境况中，他们认为这是摆脱了工作对生活束缚的表现，并演化出对劳动的"厌恶"。

第二，在劳动力再生产模式上，新一代城市外来务工群体正逐渐从"拆分型劳动力再生产"转向为"原子化劳动力再生产"。他们开始尝试摆脱传统家庭关系，更强调劳动力再生产中的个人发展与个体价值的实现。

劳动力再生产可以分为两个领域：劳动者劳动能力的维持和更新。劳动力再生产的"维持"部分，主要涉及农民工日常生活的衣食住行等，这一部分主要在城市的打工所在地实现；劳动力再生产的"更新"部分，例如赡养父母和抚育子女相关的医疗、照料、教育、看护、居住等，则主要在家乡农村或其所在镇、县来实现。而所谓"拆分型劳动力再生产"，就指的是外来务工者在城市工作，却在农村养家、养病、养老。这种模式的最直接后果之一,就是这部分群体对城市和农村呈现出双向依赖。[1]

如果以往外来务工者在城市中的"劳动力维持性再生产"主要包括日常生活中的衣食住行,那么今天这一群体在城市中"劳动力维持性再生产"至少还拓展到了两个新的领域:一是相关的职业技能培训,包括正式与非正式的各类技能培训;二是劳动者的休闲娱乐,尤其是满足劳动者自身品味与体验的相关活动,这意味着外来务工者在城市中实现"劳动力维持性再生产"的需求进一步扩大。

同时,外来务工群体在农村中实现"劳动力更新性再生产"的功能有所弱化,正在逐步"去家庭化",具体表现为与家人的经济联系和互动减少,对家庭的期待也降低。一部分外来务工人员很明显表达出不希望再回到家乡生活工作的想法,甚至是对家乡的乡土氛围产生排斥。受到城市文化的濡染,新一代打工者也越来越追求个体的权利,劳动维权观念也在不断增强,对于自我主体性有着更多意识。不过,也正如鲍曼所说:"我们都是有权利的个体,然而,这并不

---

[1] 根据我们清华大学社会学系一项针对1017名新生代农民工的调查发现,一方面,他们在城市中通过打工赚钱维持家庭生计,57.2%的被调查者将工资结余带回农村的家中,平均每人每年带回家9500元;另一方面,他们的家庭生计也同样离不开农村。调查发现,这一部分群体的家庭收入中有大约20%来自农村。参见清华大学社会学系课题组,《困境与行动——新生代农民工与"农民工生产体制"的碰撞》,《清华社会学评论》,2013年第6辑。

意味着,我们每个人在事实上都能实现自身的权利。通常,控制生活仅仅是故事讲述的生活方式,而不是实际生活的方式。"[1]

零工潮流

另一个值得关注的现象是,在数字化与信息技术的大力推动下,零工经济开始兴起,外来务工者只要依托互联网平台就可以及时获取就业信息,以"临时合作"的方式代替传统企业中的长期劳动合同关系。这种模式打破了传统劳动力市场在时间和空间上的限制,为劳动者提供了更多的就业选择。

美国学者黛安娜·马尔卡希(Diane Mulcahy)在《零工经济:推动社会变革的引擎》(*The Gig Economy*)一书中将零工经济描述为"如果把当前的工作世界看作一把尺子,设想它一头是传统意义上由企业提供的职业阶梯,另一头是失业,那么两头之间范围广、种类多的工作选择便是零工经济"[2]。与传统的"打零工"相比,零工经济最主要的特征是对互联

---

[1] 齐格蒙特·鲍曼,《被围困的社会》,郇建立译,江苏人民出版社,2005年,页56。
[2] 黛安娜·马尔卡希,《零工经济:推动社会变革的引擎》,陈桂芳译,中信出版集团,2017年,页 III—IV。

网技术的极大依赖，与此同时其工作内容也得到了广泛扩展，包括外卖、快递、货物运输等体力劳动，也包括通过线上平台远程开展业务和交付的其他工作。在国外，学者们尤其关注零工经济向中产阶级和白领工作的扩展，强调参与者对"灵活性、自主权、契合度和工作意义"的重视。[1]

中国的情况则更为复杂。根据《2019中国县域零工经济调查报告》[2]显示，当前中国零工经济更多分布于中小城镇等下沉市场，尤其是在县域地区，有超过六成的居民以相对不稳定的工作为主，拥有稳定职业的群体（在私企、事业单位、国企、集体经济组织拥有职务的人群及公务员）占比则不到四成，这大大超出了人们的传统印象。整体而言，中国的零工群体学历偏低，主要集中于初中以及高中或中专；从事职业主要以低技能职业为主，如与互联网相关的网约车司机、外卖员、网店等（35.1%）和生产劳动（26.6%），技能服务和教育培训占比不到15%；月均收入也普遍偏低，群体内四成低于2000元，八成低于4000元。在此基础上，零工劳动者仍然普遍面临工作岗位数量少、劳动关系不受保护、收益

---

1 麦肯锡全球研究院2016年的数据显示，在美国和欧洲，有10%到15%的适龄工作人口通过打零工谋生，还有10%到15%的人把打零工作为主业之外的副业，实际参与人数超过1.62亿。参见麦肯锡全球研究院，《独立工作：选择、必要性和零工经济》，2016年10月。
2 该份报告在"58同镇"联合清华大学社会科学学院县域治理研究中心针对1.6万余名县域居民进行调研的基础上完成。

不稳定以及缺乏社会福利和保障的困扰。令人担忧的是，当前中国零工群体数量极为庞大，这些问题并不只是个人困扰，而是通过家庭和代际传承，构成一种群体性的社会困境。

从社会结构的角度出发，一方面，零工经济作为一种新兴的经济模式，突破了传统经济模式在时空上的限制，降低了市场信息传递的成本，为更多劳动者提供了就业机会，为社会经济运转提供了有力补充。另一方面，零工经济也普遍存在劳工保障缺失和不稳定性大、流动性大的问题。劳动社会学学者梁萌曾以互联网家政工为例指出，金融资本和互联网技术共同构建了"弱契约"和"强控制"的劳动模式，家政工的待遇无法通过契约得到保障，而其工作过程却可以通过网络就完成一整套的严格监控，资本和技术通过对劳动监控的改变可能将劳动者进一步异化。[1] 这些复杂问题都对社会、政府、企业和学者提出了更加严峻的挑战。

从个体的角度出发，"零工人"在"悬浮"中焦虑。虽然零工经济有其自由性，但是其代价是缺少保障，零工平台上的工作，无法为劳动者提供清晰的职业路径来提升他们的技能和收入。与此同时，"零工人"确实能够拥有更强的灵活性、自主权和控制权，跳出为一个雇主服务的工作模式，

---

[1] 梁萌，《强控制与弱契约：互联网技术影响下的O2O家政业用工模式》，《妇女研究论丛》，2017年第5期。

利用自己的资源、特长实现自身的价值，而非单一地出卖劳动力以获得生存资源。

零工经济是技术、经济与生活飞速变化的一个缩影，它广泛、零散而又多样地存在于千万劳动者的生活中。社会、政府和学者需要掌握社会学的想象力，从个体故事出发，去洞察背后的结构性矛盾；个体也需要在社会结构的快速变迁下，掌握自己的生活，实现自己的价值，获得一个有着更多自主选择空间的社会。

大地上的群像

2020年，我以"都市新蓝领"为主题在清华大学组建了研究课题组，对城市外来农民工在零工时代下的工作、生活状况展开了深度调查。[1] 面对技术、经济与生活的飞速变化，这些外来劳动者的内部结构和需求取向正在发生明显的变化：从传统农民工扩展到无法精确定义的新一代都市外来务工者，他们整体年龄更年轻，文化水平也更高。我们希望可以通过这项调查，对该群体当前的基本条件、家庭结构、工作经历、流动迁移、自我认知、社会融入、群体健康等方面

---

1 我们将"都市新蓝领"群体定义为那些"生活工作在一二线城市，借助互联网等数字平台，以新型服务行业为主要从业形式，具有较高职业流动性，为城市日常运转贡献力量的外来基层务工者"。

进行群像式的全景呈现。

我们以国内某家典型蓝领公寓的用户网络为抽样框，抽样框的具体范围包括该蓝领公寓主要的服务对象们。[1]该蓝领公寓住户的主要身份包括酒店餐饮、物流、零售、医疗美容、教育培训等行业的基层员工，例如快递／物流小哥、餐厅／酒店服务员、超市／卖场收银员、物业保洁员、停车管理员等外来劳动者。这部分群体收入很低，不能承受大城市高昂的租金，同时传统的城中村、地下室又存在着巨大的安全隐患，因此宿舍型蓝领公寓成了容纳数千万劳动者的"家"。[2]

整体而言，从年龄分布上看，我们样本中的被调查者"00

---

1 我们合作的蓝领公寓为安歆公寓。2020年，安歆公寓在全国24个主要城市拥有超过200家门店，床位数近10万张，入住人次近30万。
2 我们的调查通过随机抽样共回收问卷713份，其中有效问卷702份，样本有效率98.5%。研究问卷主要包括以下五个部分。第一，受访者基本信息。具体包括受访者的性别、年龄、教育程度、家乡、婚姻状况、就业时间以及就业状况。第二，具体的工作状况与经历。主要包括了受访者目前工作的开始时间、选择原因、工作强度、工作自由度、个人疲劳程度、工作环境、工作时间、工资收入、合同保障、个体认同、满意程度、工作性质、兼职情况等。第三，职业流动与家庭关系。主要包括了受访者的职业历程、与家庭的关系及互动、未来返乡就业／创业的意愿与规划等。第四，社区融入与社会态度。主要包括了受访者对于城市以及所居住社区的认同情况，对自己过去、现在以及未来的社会地位的评价及预期，对社会公平的个人看法等。第五，身心健康情况。包括了受访者的身体健康情况（如：职业病、工伤等）、日常小病以及如何求医问诊，以及受访者的心理健康情况。研究者承认这一调查的代表性存在局限，但相信这一调查能在一定程度上反映城市外来务工群体的一个面向。

后"占比34.28%,"95后"占比41.92%,整体年龄年轻化。其中,年龄最小的样本为2004年出生(即意味着这位被调查者在调查时刚满16岁),年龄最大的样本为1969年出生,样本的平均年龄为23.31岁。在教育背景方面,样本群体的受教育程度偏高,43.88%的被调查者接受过高等职业专科教育,29.77%的被调查者接受过中等职业教育,包括中专(19.23%)和职高技校(10.54%),10.5%的被调查者仅完成初中教育,同时,仍有一部分被调查者没有完成义务教育,受教育程度仅为小学及以下(1.43%)。被调查者单身比重为64.96%,这与样本年龄偏年轻化有一定关系,同时也反映了城市打工者相对孤独的情感状况。而从被调查者来到所处城市的时间上看,59.61%的被调查者是在最近一年以内,侧面说明了这一群体较高的不稳定性和流动性。在所有参与的被调查者中,来当前所处城市工作时间最久的为2001年来到当前的城市,而在当前城市工作时间最短的则为2个月。

我们再将调查样本中城市外来农民工的群像进行进一步拆分,有以下几方面的发现:

工作状况:流动性高,劳动维权意识增强

工作状况方面具体来看,第一,城市外来务工者群体的工作经验较为有限，工作流动性高，稳定性相对较低。数据显示，四成受访者目前所从事的工作是初次工作，这主要与这一群体的年龄特征相关。其余六成受访者有一定工作经验，但在离职原因上看，60%以上的受访者都是出于个人原因主动离职的，在工作适应性、个人职业前途规划上并不明确。同时，仅有一成受访者曾有兼职经历，可见这一群体在个人职业外空余时间较少。

第二，外来务工者群体的工作体验情况相对复杂，工作环境亟待改进，工作模式相对基础，并表现出了相当具体的负面感受。与此同时，职业结构有一定优化，具备上升空间。

在工作模式方面，受访者们认为工作的重复性较高、清晰度较高、标准化水平较高，即工作所属层次相对基础、技术含量有限，个体可替代性较高，但与此同时工作时长与排班方式也较为合理，体现出了职业结构的逐步优化。在工作自决水平方面，多数受访者的工作任务、进度安排、工作量等指标均为部分由自己决定，即个体能动性与外部环境要求之间有一定平衡性，可互相配合、协调；同时这种自主性是有限度的，工作强度仍然主要为工作单位所决定。在个人体力方面，受访者面对着长时间工作的困扰，与体力劳动、身体消耗相比，过长的工作时间形成了较为显著的负面因素。在外部环境方面，这一群体所处的卫生情况、安全情况、健康情况等条件均不乐观，常常接触有害物质，综合来看负面体验相当明显。

第三，外来务工者群体的劳动权益意识和实际情况均有所进步。在工资计算方式方面，月薪制以63.95%的比例占据主流，计件、计时、按天计算等三类方式相对平均，剩余少部分人则是以"有时计件，有时计时"的方式获取薪酬。综合来看，月薪制的工资计算方式更能保证这一群体的劳动权益，也意味着相对稳定的收入水平。

在劳动合同签订方面，近九成的受访者有劳动合同的保证。其中，84.09%的受访者是与自己工作所在单位签订劳动合同的，且其中90.58%的人签订的是固定时段或短期合同。由此可见，劳务派遣的中介方式逐渐不再占据较大比例，且年轻一代的外来打工者群体对劳动合同的重视较为明显。

第四，外来务工者群体的工作价值认知以满足生活基本需要为主，对工作意义持肯定态度，同时也承受工作带来的压力。当问及工作价值及意义时，多数受访者表现出了对于生活需要、心理需要、社交需要、尊重需要、兴趣需要、发展需要等方面的追求，但总体上仍然将工作价值归结为生活需要；在工作状态方面，多数受访者能够肯定自身工作的价值，但也坦言承受着疲惫与压力，心态较为复杂。

第五，新冠肺炎疫情给外来务工者群体带来了一定的负面影响和冲击。在工作量方面,认为工作量在疫情后有所增加的比例较大。在月收入方面,多数受访者认为月收入基本没有变化,但同时也有一定比例的受访者认为月收入有明显增减,可见收入方面的个体差异性较大,仍需关注疫情可能带来的持续性影响。

社交状况:社区认同度低,城市融入感有限

社区认同方面,外来务工者能够适应城市生活和社区交往,但对自身所在社区的归属感有限,具体表现为与城市居民交往上的不确定性。在社区认同方面,多数受访者的自身社区归属感为"一般"水平,同时,态度偏向"认同"的受访者比例高于偏向"不认同"的比例,整体态度相对正面,表现出了这一群体相对良好的适应能力。

其中,男性受访者在"认同"比例上略高于女性受访者,呈现出一定幅度的性别差异。随着受教育程度增高,该认同均值先上升后下降,即出现两头低、中间高的趋势,"职高技校"学历被访者得分最高,而"大学本科及以上"学历被访者最低。在年龄与社区认同方面,"00后"认同感最高,"90后"认同感最低。"已婚"与"离婚或丧偶"的外来务工者群体受访者与其他类型有显著不同,"已婚"部分中"完全不认同"占比较高,"离婚或丧偶"部分则认同均值最低，甚至趋于不认同社区。而在行业与社区认同方面，物流行业认同均值最高，认同均值最低的则是医疗行业。

从与本市居民交往的量表结果来看，随着调查项目所提及的交往程度逐步深入，受访者对城市居民交往意愿的判断"不确定"比重越来越高。具体来说，受访者更能确定城市本地居民愿意与自己说话、一同工作、做邻居，但是不确定城市本地居民是否愿意与自己成为亲密朋友、通婚等，显示受访者对城市本地居民的融入感相对有限。

社会阶层地位：主观评价偏低，相对剥夺感较强

在主观阶层地位方面，外来务工者群体的主观阶层地位偏低，但总体认为获得了一定提升且将继续提升。我们的调查数据显示，受访者针对当前主观阶层地位的平均打分为 3.95（满分为 10，小于 5 分表示偏低，大于 5 分表示偏高），即多数受访者主观阶层地位偏低。同时，这一评分高于受访者自我评估 5 年前主观阶层地位的平均数据（对 5 年前的平均打分为 3.79），意味着外来务工者群体认为自身出身阶层较低，但到城市工作使得所处阶层获得了提升。

此外，受访者的 5 年后主观阶层地位预期平均数据比目前所处阶层位置的平均数据更高,则意味着这一群体对自身阶层继续提升的信心较高,倾向于发挥个人能动性以获得更大上升空间。其中,女性对"自己目前所处地位"打分略高于男性,男性则对"5年前的主观阶层地位"打分略高于女性。可见,女性认为自身地位的提高程度较大。在年龄群体与主观阶层地位方面,"95后"与"90后"认为与5年前相比,当下主观阶层地位有所提升,"80后"和"00后"则认为有所下降。在行业与主观阶层地位方面,与5年前相比,"医疗行业"和"酒店行业"群体认为自身有所提升,"物流行业"和"餐饮行业"群体则认为有所下降。

主观公平感方面,外来务工者群体相对剥夺感较强,整体上对公平感产生了负面反馈,认为自己只有一部分生活选择的自由。被调查者认为目前的生活水平与工作努力程度相较偏向于不公平,在他们看来,实际所得回报难以与付出相匹配,且低于预期。其中,女性被访者主观公平感的得分均值略微高于男性;在受教育程度与主观公平感方面,公平感均值最高的为"中专"群体,最低的为"职高技校"群体;在行业与主观公平感方面,餐饮业和酒店业两类群体更多地感到"比较不公平",物流业和医疗业则为"完全不公平",这表现出了职业视角下的感受差别。

心理健康情况：维持着一定效能感，整体情绪相对低迷

在心理健康方面，我们在调查问卷中加入了两个具有良好信度和效度的心理学量表——"CES-D 抑郁自评量表"和"一般自我效能量表（GSES）"。二者一负向一正向，可以从消极和积极两个方面对外来务工者群体在工作和生活中的压抑程度和掌控程度进行全面评估。[1]

我们的调查数据显示，都市外来务工者群体的心理健康状况维持着一定效能感，但整体情绪相对低迷，在抑郁自评量表和自我效能自评量表中都表现出了这一特点。在抑郁自评量表中，九成被访者自评存在明显的压抑情绪，包括焦虑、紧张、低落等，且对压力具有较为明确的认知，仅有一成选择无抑郁情绪。而自我效能自评量表数值相对稳定，表现出

---

1 CES-D 抑郁自评量表（Center for Epidemiological Survey, Depression Scale, CES-D）最初由美国国立精神研究所编制于1977年，之后经过各国精神和心理学家不断的应用和改良，成为流行病学筛查以及心理学临床诊断的常用量表，具有较强的信效度。该量表共包含 20 项指标，测量被调查者的烦恼、食欲减退、苦闷、挫败感、注意力不集中、抑郁、失败感、恐惧、失眠、孤单和哭泣感受。一般自我效能量表（General Self-Efficacy Scale, GSES）于 1981 年由德国柏林自由大学的著名临床和健康心理学家拉尔夫·施瓦策尔（Ralf Schwarzer）教授和他的同事编制完成。"自我效能感"指个体对自己面对环境中的挑战能否采取适应性的行为的知觉或信念，一个相信自己能处理好各种事情的人，在生活中会更积极、更主动。与抑郁自评量表相反，自我效能量表从积极心理的角度测量受访个体对于工作和生活的积极和掌控程度。

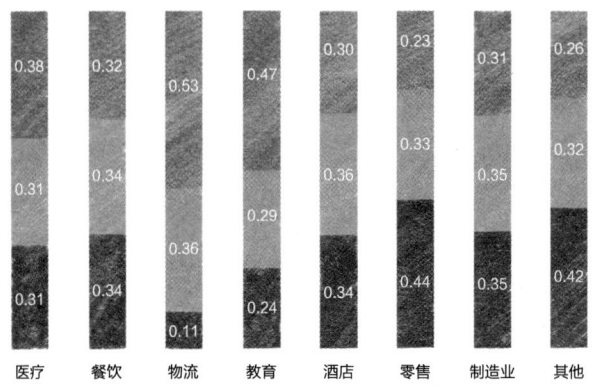

图 1-1　城市外来务工者分职业心理状态等级（N=579）[1]（2020）

了外来务工者群体较高的拼搏和奋斗精神。尽管如此，不同行业之间仍存在一定差异，例如医疗行业的外来务工群体表现出更为明显的无力感，自我效能感与其他行业相比较为低下。

分职业来看（见图 1-1），从事快递、外卖、运输等物流行业的外来务工者群体心理状态尤其紧张，并具有高度的压

---

[1] 我们在抑郁自评量表中设置了反向计分题目，以用来防止和探测被调查者不认真填写的情况。根据个体情绪的稳定性，如果被调查者心理状态较为良好，很少感受到苦闷或失败，多数题目均选择"很少或没有"，那么在反向计分的题目中则应选择"常常"或"大多数时候"，即大多数时候是乐观的；如果被调查者没有认真回答题目，在多个题目持续选择同一或者相邻选项，则可判断出该样本为无效样本；同时反向计分题目与正向计分题目在含义上特意有所重叠，即双重印证被调查者对于某个指标的选择是保持一致的。通过反向计分题目的设置和后期数据的分析处理，我们从总样本中共筛选出 579 个有效样本进行后续分析。

抑倾向，"可能存在压抑状况"以及"存在压抑状况"的占比接近九成，"无压抑状况"的仅占一成。在平台经济时代，快递小哥、外卖骑手承载着巨大的过劳风险和工作压力。无论是送达延迟引发的客户投诉，还是送货途中潜在的逆行、闯红灯等交通安全隐患，再到网络购物狂欢活动所带来的爆仓爆单，以及平台各种异化的计件激励制度、隐蔽的算法优化系统，都让这一行业的务工者不得不面临更高强度的工作负荷。我们在新闻媒体中常常看到快递小哥深夜独自一人坐在街头哭泣的新闻，正是这一群体在时代压力下困在系统之中的真实写照。

此外，我们的调查还发现，在行业中，餐饮、物流、酒店等职业类型的外来务工者更容易遭遇"职业病"，腰肌劳损、颈椎病、胃病等较为高发；工伤方面情况类似，物流相关工作有更高的伤害风险，快递、外卖以及运输的物流工作受伤情况最多，比例超过三成，其次是餐饮和零售，而制造业受伤比例略超过 10%。

返乡就业意愿：超五成愿意返乡，逃离大城市

当城市人才趋于饱和、发展空间不断缩减时，便会出现人才回流的现象。我们的调查数据显示，外来务工者群体有一定返乡就业意愿，同时对返乡工作的层次有一定要求，倾

向于选择家乡所在省省会等较发达地区。具体来看，50.64%的被调查者有返乡就业的意愿，甚至有4.43%的人曾尝试过返回户籍所在地。考虑到城市的资源和机会，仍有44.92%的被调查者愿意留在外地工作。

半数受访者在收支情况上有一定收入剩余，但数额较小，个体经济状况一般，这也可能促使他们难以长期维持外地打工生活，转而考虑返乡就业。

第三代农民工

值得关注的是，在我们调查样本中，"00后"占比超过三分之一，是非常重要的一个外来务工者群体。他们年龄最小的只有16岁，最大的也不过20岁出头，多数正在从事来到城市后的第一份工作，更换工作的频率很高，时间间隔较短，工作的稳定性较低，不公平感更强烈，但对未来所处阶层地位的提高抱有期望。

随着第一代农民工逐步退出城市生活返回农村，"80后""90后"为代表的新生代农民工，也即第二代农民工陆续进入城市并成为外来务工的主体。根据国家统计局最新发布的《2020年北京市外来新生代农民工监测报告》显示，新生代农民工占比达到50.1%，男性占比高于女性。他们的平均年龄是31.4岁，月平均收入6214元，就业集中于劳动密集型行业,从事信息传输、软件和信息技术服务业的占比相较于 2019 年有大幅提高。[1]

与此同时,"00 后"第三代农民工也开始陆续进入城市。他们的成长伴随着移动互联网的兴起,对各种数字平台的使用更加熟练,同时在行为方式、消费观念、心理认同上也明显不同于他们的父辈,是一个需要特殊关注的群体。他们在工作过程中缺少自主权,在进入社会后骤然减少与家里联系的时间和机会,其抗压的能力和心态都还没有完全准备就绪。他们非常年轻,更加渴望进入城市、融入社会,在一定程度上代表着第三代农民工的阶段性特点。

基于我们的调查数据,我们对"00 后"外来务工群体的人口学特征、工作状态、职业流动、社会交往、健康状况等情况进行了单独分析,并与其所属的总体样本进行对比研究。概括来说,"00 后"群体呈现出五大显著特征。

第一,"00 后"第三代农民工的男性比例较高、受教育程度偏低、行业分散、岗位范畴较为广泛,超过四成的受访者从事职业技能要求较低的餐饮或酒店行业,尤其是从事餐饮的比例远高于总体样本。同时,仅有很少的"00 后"受访者在需要一定职业技能的医疗、物流、教育和制造业就业,

---

[1] 国家统计局北京调查总队,《2020 年北京市外来新生代农民工监测报告》,2021 年 7 月 5 日。报告主体参见:http://www.beijing.gov.cn/gongkai/shuju/sjjd/202107/t20210705_2428703.html

比例均低于总体。虽然这些年轻人保有就职于新兴行业的可能性，但在当前就业市场中缺少优势。

第二，"00后"第三代农民工的工作状态呈现出边缘化、迷茫化的特点，工作稳定性较低，以"零工"和"兼职"为主。这部分年轻人工作时长和工作量偏低，多数平均每周仅工作18个小时、每个月仅工作11天，并不是正式和常规就业的状态，工作内容的自主可控性更低，大多数以服从管理为主，地位相对被动。这和总样本中平均一周工作时长48小时、每月工作天数25天的正式就业形成了鲜明的对比。与之相应的是这一群体对自身工作的价值与意义认知也相对消极，并不像总样本那样认可工作是为了谋生，不认为工作能够让自己心安，也不更加认可工作是为了发挥自己的兴趣或是能力。整体而言，"00"后被访者难以在工作中体验效能感，也难以寻找"心安"和"兴趣"，表现出了就业后的迷茫心理。

第三，"00后"第三代农民工的工作经验有限，职业流动频繁，且面临着迷茫感与挫败感，由此带来了他们与家人之间相对矛盾的联系频率。我们的调查发现，与其他年龄层相比，"00后"群体探亲频率相对略高，但并未表现出更为密切的与家人联络频率，有超过四分之一的"00后"受访者在外出工作几个月后才与家里联络一次。另一方面，这一群体闲暇时间相对更多，个人生活体验中存在着一定"空白"。

第四,"00后"第三代农民工的主观不公平感更加强烈,认为自己付出的努力回报率较低,且有较高比例认为自身所处的阶层地位属于最低阶层。这一群体对自己5年后所处阶层地位的期望以提升为主,表现出了渴望通过奋斗提升阶层地位的意愿。尽管这一群体当前的状态是经受挫折、遭遇迷茫,但仍然保持着较为乐观的态度,逐步向所在社区、所在城市融入。

第五,"00后"第三代农民工的生理健康状况良好,心理状况有待关怀。在生理健康方面,九成以上的"00后"受访者没有职业病,但遭遇工伤的比例相对较大,需要更多预防性引导。

在心理健康方面,"00后"群体的压抑状态较总体偏低,但受到初入职场、区域差异等外界因素的影响,这一群体心理状态还不够成熟,且自我效能感得分更低,对于如何应对工作和生活中的任务和困难,还没有完全准备好,少数人甚至非常没有信心。目前而言,这一群体自己去寻求专业心理咨询帮助的可能性极低,且无法承担高昂的费用。但是长期抱有抑郁、焦虑的情绪,不仅对个体是一种很大的伤害,最终也可能会给社会造成无法预估的损失。因此,需要雇主、社会组织或政府推出心理干预项目,主动去关注年轻务工者的心理问题。

悬浮的时代

> 有一个美丽的新世界
>
> 它在远方等我
>
> 那里有天真的孩子
>
> 还有姑娘的酒窝
>
> 有一个美丽的新世界
>
> 叫我慢慢地走
>
> 海浪它总是一波波
>
> 不要停歇不回头

在追寻"美丽的新世界"的路上,每一个外来务工者都在摆脱现在,逃离让他不满意的东西。他们要奔向哪里?也许他们自己也不知道,他们只是无时无刻不在流动,游离于乡村与城市之间,没有根基地悬浮在社会之中,经历着期望与现实断裂而造成的身份焦虑与迷失。

我把这种社会形态,称为"悬浮社会"[1]。"悬浮社会"的一个最基本的特征,就是所有人都处在一个没有根基的状态

---

[1] 关于"悬浮",人类学家项飙也有很多论述。项飙指出,在高速流动的社会中,人人都忙着工作、忙着奔向未来,却迷失了自身,从而处于一种"悬浮"的状态之中。参见 Xiang, Biao. 2021. "Suspension: Seeking agency for change in the hypermobile world." *Pacific Affairs* 94(2), 233–250.

之下，每个人都非常迫切地渴求在极短的时间内获得成功，获得他人的认同。在这种特别渴求成功、获得认同的心态之下，却存在着一种很难磨灭的断层。相较20世纪八九十年代，我们的当下社会越来越灵活，社会流动性的宽度和广度在不断地增加。但另外一方面，贫富的分化也越来越大。社会的流动性允许弱势阶层通过努力有机会摆脱贫困，但这种向上流动却又存在着难以突破的瓶颈。特别渴望获得成功，但是离成功还很远；渴望被人发现，但现实并没有获得他人的认同。期望和现实之间产生了极大的落差，由此产生了很多对自我身份的迷茫和对未来的不确定感。

"悬浮社会"的产生，来自社会的加速转型和巨大分化。整个社会，就像一列高速前行的列车，轰鸣着一路向前，车上的我们，也像是在赶早高峰的地铁，被后面的人潮推着往前走。我们在追求更高、更快、更强的时候，却逐渐堕入欲望的陷阱，在追求不断向前的现代社会里丢掉底线和尊严；在追求利益最大化的时候，扩大了社会不公，导致向上流动固化、向下流动加速，底层的生活愈加困顿和边缘化，从而引起了道德价值的失落和生活方式的改变。孙立平多年前曾将转型时期的中国社会称为"断裂"社会，并认为"断裂"的社会结构并非稳定的金字塔式，而是马拉松赛式。金字塔式的结构中，虽然人们的地位高低不同，但"同时又在同一个结构中"；然而，在马拉松赛式的结构中,"每跑一段,都会有人掉队,即被甩到了社会结构之外。被甩出去的人,甚至已经不再是社会结构中的底层,而是处于社会结构之外"[1]。

法国社会学家涂尔干曾说过:"我们无法生活在一个没有凝聚力、没有规则的社会之中。"[2] 当越来越多的人被加速甩出社会结构之外,社会整体的失范行为就会不断增多,并导致社会秩序慢慢出现解组和撕裂。这种缓慢的撕裂一点一滴地侵蚀着社会的良性运转,其伤害是长久而深远的。

我常常戏言,改革开放的 40 多年间,是经济学家唱主角——经济增长与转型的范式之争、市场与政府的辩论,都需要经济学的视野。而当社会的总体经济水平达到一定规模之后,以经济至上的指标追求,就会暴露出很多深层次的社会结构性弊病,这时,就更加需要社会学的介入。

我相信,站在时间的门槛上,社会学会有更多的实践空间,也必将面临更加尖锐复杂的社会问题、系统性困境和人性的挣扎。我们要做的,正是以社会学为工具,看到社会之

---

[1] 孙立平,《断裂:二十世纪九十年代以来的中国社会》,社会科学文献出版社,2003 年,页 1。

[2] "A society cannot exist without cohesion and regulation." Durkheim, Emile. 2013. *The Division of Labour in Society* (Second Edition). London: Palgrave Macmillan, p. 11.

中每一个具象的人，培育社会的道德共识，在社会的肌理中，重新恢复自然性、默契性、和睦性及道德性的情感和文化连接。

在皮村工友之家的打工文化艺术博物馆

叶云慧 / 摄

第二章

文学课

这活越来越不好找

就像今年夏天的雨水一样少

季节过了都没盼着

立秋的第二天

愁闷的我刚转到那片荒郊

忽然来了一场秋雨

把我全身淋个透心浇

啊！这雨淋得真舒服

淋得真好

城边的野草差点没旱死

终于得救了

地图上的距离

北京是有江湖的。

来自安徽做装潢的师傅,大部分聚集在顺义的李桥村、半壁店村,还有朝阳的东窑村、东辛店村、金盏村;来自浙江经销小商品和服装的,大部分住在丰台的大红门、木樨园;来自江西做门窗的,则普遍集中在朝阳双桥的管庄、三间房。

双桥之所以叫双桥,是当初建造的时候,并排修了两座桥,跨于通惠河上。通惠河在花园闸和普济闸之间,河道向北有一段凸起来的弯道,形似龙背,故俗称这段河道为老龙背。双桥正好建在老龙背的最高处,桥南路西是双桥村,路东为老龙背村。清代《日下旧闻考》曾记载:"双桥在柳巷之西,通州、大兴界也。"[1]

老杨的店铺就在双桥东路上,说是店铺,实际是一间小

---

[1] 参见吴云起编著,《北京的桥》,北京出版社,2018年。

门面房,代理了一个门窗厂的品牌,在北京专门做断桥铝、铝合金、塑钢的门窗型材,建筑工地和家装都做,已经做了快20年。

老杨来自江西省安义县,这个在南昌市下面的小县城,是中国的"铝材之乡""门窗之乡",当地大部分人都在全国各地从事着铝型材及门窗的产业。令人惊奇的是,这里并没有天然的物料资源,不生产一块铝锭,仅凭材料加工、组装、销售,就占据了全国七成以上的铝合金市场份额。

老杨的父亲也是做门窗生意的,可以说是第一代的城市务工者,20世纪80年代就在浙江打工安装门窗,那时主要还是木制窗、铁制窗,90年代才逐渐发展为塑钢门窗,下悬、立转、折叠、滑轮等,各种花型的门窗品类也丰富起来。

2019年的夏天,我请老杨来家里帮忙安装门窗,他的手艺精湛,窗扇与窗框的搭接严丝合缝。完工的那天,老杨询问我,是否可以让他儿子加我微信向我请教一些学习方法上的问题。他的儿子刚升入高三,但是成绩总是提高不上去,老杨心里着急,自己又不懂,所以就想到我,希望可以给他儿子"敲打敲打"。

就这样,他的儿子军军第一次进入我的视野。在微信上,他没有朋友圈,微信名就是他父亲代理的门窗品牌,头像也是他父亲做的门窗样品,第一眼很难相信这个微信头像后面实际上只是一个17岁的少年。在聊天中,他非常有礼貌地告诉我:"家父外出创业,我们是爷爷奶奶带的。我是我家第一个孩子,压力可能会有点大。我们家没有一个人上过大学,高中生还只是我一个。我想把书读好,然后找一份好的工作,不让父母辛苦。"

这个使用"家父"作为谦词的少年,第一次高考模拟只有 350 多分,而江西省的高考满分是 750 分,这意味着如果他不提高成绩,就没有办法通过高考考上大学,但这却是老杨对儿子的最大期待。军军认为他需要一套完整的学习方法,但问题的症结,很大程度上在于他所在老家的学校缺乏合理高效的学习安排,老师们只是用最原始的填鸭式教学,让学生们不断地通过高强度、长时段的做题来掌握知识。在学校里,军军每天早上 6 点半就要到校开始上课,中午有短暂的午饭时间,然后直接进入到下午的课程中,一直上到晚上 10 点半,再回到宿舍继续写当日的作业,每天都是匆匆忙忙,自己可以利用的碎片时间少之又少。用军军的话说:"我高中摸索了 3 年还是没有找到什么好的学习方法。面临高考,我束手无策。"

当军军每日机械重复地在题海战里苦苦找寻方向而不得的时候,也许另一个来自城市里的孩子,正在读着英文的原版教材、上着丰富多彩的课外班、参加着收费不菲的海外交流项目。2017 年北京高考的文科状元,一个 18 岁的高中毕业生,就说了这样一番话:"农村地区的孩子越来越难考上好学校。像我这种属于中产阶级家庭的孩子，衣食无忧，家长也都是知识分子，而且还生在北京这种大城市，所以在教育资源上享受到这种得天独厚的条件，是很多外地孩子或农村孩子所完全享受不到的。这种东西决定了我在学习的时候，确实是能比他们走很多捷径。"

这番听起来真实得让人不想面对的话，让我们看到家庭背景、城乡差距等因素如此深刻地影响着教育资源和受教育机会的分配，并最终导致优势阶层可以更好地利用自身的经济资本、文化资本和社会网络资本投资下一代的教育；而来自劣势阶层的孩子，那些所谓的"寒门子弟"，想要冲破家庭背景的障碍、实现阶层的跨越，则需要付出更多的努力。可残酷的现实却是，即便付出艰辛的努力，绝大多数"寒门子弟"依旧在教育选拔的竞争中被淘汰出局。

我不想看到这位想把书读好的少年就这样被淘汰，但我并不知道在具体科目上该如何给予他学习方法的指导，高考于我已经是 20 多年前的事情了。也许，我可以成为他的一扇窗户，让他透过我看到一个没见过的世界，以此获得激励。

我们断断续续联系着。2020 年 7 月末，我收到军军发来的信息，他告诉我他高考后的自我感觉还不错，刚刚填完志愿。然后又补充了一句，如果他要帮父亲把门窗生意扩大到国外，应该学习什么？我回答他，不仅要学习好一门外语，也要了解国际贸易进口出口、汇率变动的基本知识。而后，我跟老杨说，你们家就要出第一位大学生了。

2021年的春天，我在北京见到了军军，高高的个子，皮肤黝黑，带着些许羞涩与内敛。他的微信名已经改成"远志"，头像也换成了一个拎着一盏灯的孩子，站在山坡向着远方眺望。

他依旧那么彬彬有礼，和我面对面的时候，会一直使用敬语。他告诉我他已经来北京了，现在主要帮父亲做门窗生意，有时候照顾门店，更多的时候则会去工地帮父亲一起干活，打打下手，学习安装门窗。

我惊讶地问他："是因为高考成绩不理想才决定来北京和父亲一起打工吗？"

军军回我："最后我的高考成绩是500多分，一共填了7个志愿。有几个上了，但是想上的学校没有考到。上的学校是江西农业大学，但那里专业太冷门了就没去。"

"那你最想上的是什么学校？"我继续问道。

"想上离我们家最近的一所学校。因为小时候特别想跟父母在一起，所以就想来北京，填北京的学校，离父母近一点；或者毕业之后在北京找工作，也离父母近一点。所以第一志愿报了中国传媒大学，离双桥我们那儿好像挺近的，而且学校我觉得也挺好。然后没有想到，是以这种方式（打工装窗户）留在了北京。"

在军军的认知里，几乎只知道北京有清华、北大，对于北京的其他学校没有太多的了解。长期留守在老家远离父母的经历，对他关键时刻的人生选择产生了决定性的影响。军军小学时就被父母送回了老家，成了一名留守儿童。从小学到高三毕业，这12年里和父母都不在一起，只有每年过年的时候才有机会和父母团聚，平常只能通过电话联系，越是长时间见不到父母，越发渴望父母的陪伴和关爱。爷爷奶奶年纪又大，中学后很多事情也没有办法和祖辈交流，心灵上就更加孤单。渴望共同的生活、相聚的温暖，又想去理解父母外出做工的辛酸不易，理解不了的时候，自然就会产生怨恨和抗拒。每一个像军军一样的留守儿童，都在亲子关系里经历着渴望与埋怨、坚强与脆弱矛盾共生的挣扎时刻。

除了无法得到父母的帮助以外，军军所在学校的老师，也不太会根据成绩和往年的分数线，对每一位学生进行细致的指导和建议——因为在这所学校里，每年都有不少的学生落榜而外出打工，或者选择复读；复读可以为学校带来额外的学费，而外出打工也早已是当地一个普遍接受的正常现象。

于是，摆在军军面前的选择就变得很清晰：要和父母在一起，靠近一些，再近一些。他没有选择一所自己最喜欢、最适合的学校，而是选择了一所在地图上距离父母最近的学校：从中国传媒大学坐地铁到双桥，只有一站的距离；如果走路，最多20多分钟也就可以走到。

军军告诉我，从出成绩、高考填报志愿，到后面想去的学校没有上，那时的自己特别挣扎，感到很难过，心有不甘。想再复读一年，可如果复读就得和父母继续分开，还是觉得放弃读书更好，而真的放弃又会特别伤心。辗转反复，再三思量，最终，军军还是做出了不再读书、来北京和父母团聚的决定：

> 因为我妈妈也希望我来，我爸也是。我妈她一直觉得，自己有愧于我们，对于我们这些孩子有亏欠，肯定想补回来，她知道我没有上到我想上的学校，她肯定是先安慰我，后面没有说很多。
>
> 复读的同学也有，我有个同学今年复读，他家父母也是在北京做门窗的，他去年应该是没有考好，今年复读了。听他说今年高考的时候他父母全部都回去了，还跟我讲了。我爸妈就不会让我复读。我们那边因为结婚得早，像21、22岁就结婚了，在他们的概念里面可能觉得读够高中毕业就很好，可能也是安慰我才这么说的。
>
> 我觉得我不会再上大学了，因为已经出来很久了。有时候我来到大学看到那些大学生，我感觉他们都是有计划、有安排的，都已经打算好了要去干什么，自己把时间全都安排好了，上完课可以去图书馆转转、去外面走走都觉得挺好的。因为我自己很喜欢自己支配时间的感觉，我觉得这种感觉很舒服。如果我一路顺利，跟大

多数人一样上个大学，毕业找个工作，觉得会过那种很平淡的生活，朝九晚五那种生活。我有时候会觉得挺充实的。

我问军军："你还记得 2019 年你发给我的一条微信，告诉我你特别想好好学习，不让爸爸妈妈这么辛苦。你还记得吗？"

"对，我发过。"军军沉思了片刻，才回复我，"两年以前是这样一种想法，说自己要好好学习，不让爸爸妈妈辛苦。我觉得本质上没有发生太大变化，我把这个（门窗）工作接下来了，那他们就不用这么辛苦，他们就可以回（老）家了。"

"对于大学，确实向往过。"军军最后补充了一句。

学做工

美国普林斯顿大学社会学教授保罗·威利斯（Paul Willis）在他的代表作《学做工：工人阶级子弟为何继承父业》（*Learning to Labour: How Working Class Kids Get Working Class Job*）里，曾经探讨了这么一个有趣的问题：为什么工人阶级的孩子甘愿像他们的父辈一样，从事那种薪酬少、社会地位低的体力工作？

在威利斯的分析中，文化在塑造"社会藩篱"的过程中扮演了重要角色，工人阶级的孩子会主动去学习一套工人阶级特有的文化习惯，比如抽烟、酗酒、打零工，并有意识地将之作为对中产阶级文化的一种挑战。这一选择无形间巩固了既有的阶层结构，让他们乐于把父辈的体力劳动延续下去——"我知道我很蠢，所以我下半辈子就应该待在汽车厂里把螺母一个个拧到轮子上去，这公平合理"[1]。

威利斯《学做工》中所描绘的，是20世纪70年代的英国，但是背后所展现出的社会不平等的再生产机制，在军军的人生轨迹里也可以看到影子。[2]

军军的爷爷在浙江打工做门窗，军军的爸爸继承了爷爷的手艺，来到北京继续做门窗生意，而爷爷则回老家照顾留守的军军。读高中时的军军，尚且期盼着可以通过努力学习改变命运，成为家里第一个大学生，现实的命运却把他推回到了尘土飞扬的工地上，跟着爸爸学做工，在门窗这个行业开始了摸爬滚打。

---

[1] 保罗·威利斯，《学做工：工人阶级子弟为何继承父业》，秘舒、凌旻华译，译林出版社，2013年，页1。

[2] 也有学者指出，中国农民工"子弟"与保罗·威利斯笔下英国工人阶级"小子们"（the lads）的反中产阶级文化态度是形似质异的。英国工人阶级"小子们"是主动地选择放弃教育甘愿留在工人阶层，中国农民工"子弟"则怀抱向上流动的愿景，但由于他们身处的社会条件和制度性安排的限制（比如户籍制），常常只能被动地选择放弃学业，这使得他们难以通过教育获得向上流动、改变命运的机会。参见周潇，《反学校文化与阶级再生产："小子"与"子弟"之比较》，《社会》，2011年第5期。

对于三代都在从事同一个行业，军军告诉我，他的弟弟正在老家上小学，妹妹上初中，他现在最大的心愿，就是希望他们好好学习，不要都干门窗这一行，可以实现自己曾经无限接近但最终掉落的读书梦想："如果干这行硬是要有一个人的话，我一个人来就好了，你们就读书去。在学习方面我也会尽可能帮他们一点，比如题目之类的。考试没有考好，也会适当地跟他们疏解一下。希望他们找到自己喜欢的工作，做自己喜欢做的事情就可以了。"

面对未来，军军非常清楚地知道自己不得不接受老家传统的婚育观念，也许再过一到两年就会结婚生子。等有了孩子，他希望可以从小就让孩子跟着自己留在北京，因为大城市的教育资源好，他不想再让自己的孩子成为像他一样的留守儿童。但这个年龄的军军并没有办法去理解，因为户籍制的壁垒，包括教育、医疗在内的诸多公共服务的供给仍然主要面向城市户籍人口，还未有效覆盖到流动人口。尽管当前户籍制度在部分城市中已经得到松绑，但是作为社会资源配置的根本性制度却并未出现实质性的改动。换言之，一个更有可能的未来，是军军的孩子只能待在老家成为下一代留守儿童，在亲子分离中默默地忍受孤独；军军的爸爸像军军的爷爷一样，回到老家承担起隔代抚育孙辈的责任，而军军继续在北京打拼和奋斗，并在漂泊中不断消磨他少年时期的理想。向上流动的通道一直都在，只是需要攀爬的梯子越拉越长。

与此同时,军军也充满了矛盾,依旧心有不甘。当我再三追问他,是否真的愿意继续从事门窗这个行业的时候,军军非常诚恳地告诉我:"我不是很想。"他也曾经尝试着自己去打工,进入次级劳动力市场在超市和餐馆里做服务员,但由于每一天都被老板当成最后一天上班那样拼命地派活,完全没有自己可以掌控的休息时间,就没有继续下去,转了一圈还是回到了门窗这个行业:

> 干这个确实很累,心也累,你要担心工人会不会因为你给的工资低,到别人更高(工资)的地方工作。然后就是行业竞争,我们做门窗已经很多人做了,装修公司那边也有人做,所以现在不太好做,我不是很想干这一行。我自己也在想,我不干这行,我可以去干什么?没有想到别的,感觉都不太行,就打消了这个念头。打消了那个念头不是打消了想别的想法的念头,还是想的。
>
> 因为如果我去做别的事情,可能有点困难。确实人生有意义的事情很多,每个人确实不一样,但我可以把握眼前,我不能把眼前这个东西丢掉,我总得给自己留一条后路,如果我做别的事情,寻找人生别的方面,结果却是没有得到相应的回报,或者不是那么顺利,我还可以回来继续做(门窗)这一行,虽然说有一点不愿意。

对于军军的爸爸老杨来说，虽然内心深处期望儿子可以考上一个好大学，但如果没能如愿，跟在自己身边帮着打理业务，也是一个相对安稳、至少看得到明确未来的选择，毕竟自己在北京做门窗这一行已经快20年，积累了很多客户和工厂资源，如果儿子再走别的路，又得从零开始。特别是在没有学历背景的情况下，道路会更加辛苦。

从这层意义出发，"学做工"，其实不仅仅在于"学"，更要有人手把手地"教"。父亲虽然没有明确地说出来，军军自己也明白："我觉得我爸爸他对孩子的期待，就是那种不说出来的。他心里对我们的期待是很大的，但他就是不说。我这么大我肯定都懂，他就是不说，他也希望我们能有自己的一份事业，自己能养活自己。他肯定是想我上一个好大学，所以才让我联系您。可能就是我没有考好，他觉得让我来干他那行（做门窗），可能算是安慰我的一种方式……我觉得说得真实一点，他只希望我走他的路。他很怕我累，觉得别的路肯定要从零开始，但走（做门窗）这条路有这么多人帮你。"

军军又比父亲有想法，想在门窗行业上开辟一条新的道路。他仔细想过，家里代理了一个门窗品牌，每年都要付出数额不菲的代理费用，但门窗这个行业大品牌实在是太多，如果自己创立一个新的品牌，因为品牌很小，就很难在市场上被客户认可，所以只能继续走代理路线。为了推广、宣传父亲的门店，他准备做短视频，拍摄如何安装门窗之类的短片，以及展示各种门窗型材的样品，并在大众点评上开个网店，通过互联网进行口碑传播。与此同时，军军还准备通过互联网把生意扩展到海外，他目前正在网上自学日语，觉得日本会是一个潜在的市场，可以和父亲做出不太一样的东西来：

> 我们门窗方面，花点时间去搞懂它，或者说创造一些商机，开辟一条新的道路，提供更好的服务、更高质量的门窗、断桥铝，这样别人可能就会相信我们。
>
> 自己也在慢慢地做规划，学一些别的语言或者学一点电脑，稍微懂一点，因为我们家确实也没有这方面的倾向（做到国外），所以说自己学一点。用电脑可以帮我们家生意引进来，我觉得在电脑上做那些可以赚钱的工作，时间特别的自由，自己安排，不用每天安排那么紧，或者因为某些事情感到特别焦虑、担忧之类。

同样是学做工，在不同时代成长的打工者对于职业发展的定位、追求人生目标的手段呈现出异质化的发展趋向。以军军为例，他对专业技能有着更高的需求，所以才会自己主动去学习日语；同时他又对新技术有着足够的敏感，渴望借助网络平台拓宽新的销售渠道。无独有偶的是，一份《2021

新生代农民工职业技能调研报告》就发现,在"95后"新生代农民工中,有高达69.1%的被调查者渴望获得职业技能培训的机会[1],只是在公共教育体系的供给端,却鲜有能做到精准定位打工者的职业技能需求,提供出多样化、个性化的优质课程的机构。

一直到现在,军军还在独自摸索,就如同高三时一样,努力寻找着一套可以提高学习成绩的技能与方法。

异乡人

军军喜欢读书,尽管最终放弃了上大学,他还是会经常去问那些正在读大学的同学,他们学校会推荐什么书,买什么教材。问到之后,他都会去看一下适不适合自己。

我问他:"最近在读什么书?"

军军告诉我,来了北京以后,最近在读《我在北大当教授》,学习到一些思维方式上的培养方法;还有一本《策略思维》,关于日常生活中的策略竞争对他很有启发,以及加缪的《异乡人》[2]。他最喜欢的,就是加缪的《异乡人》,虽然

---

[1] 《2021新生代农民工职业技能调研报告》是由对外经济贸易大学教育与开放经济研究中心联合《工人日报》、蚂蚁集团研究院、58同城于2021年7月共同发布的一份调查报告。
[2] 《异乡人》是法国作家加缪的代表小说,出版于1942年,诺贝尔文学奖获奖作品,也被译作《局外人》。

读得不是很懂,但已经读了两三遍了,这是他的日常文学课。

当军军说出加缪的时候,我更加相信,他在内心最深最柔软的地方,一直没有放弃读书的念想,就如同《异乡人》中文版的封面上所写的:"我知道这世界我无处容身,只是,你凭什么审判我的灵魂?"

我好奇地问军军:"你为什么会喜欢这一本书?这么吸引你是因为《异乡人》这个书名吗?"

军军很诚实地回答:"对,书名会有一点,毕竟是外地人来到北京,会觉得自己就是异乡人,把自己代入了进去。不知道为什么,我出来之后会觉得身边的同龄人有些幼稚,在性格方面感觉自己跟那些人不太一样,像一个外来的人。我觉得《异乡人》展示的就是另类的生活,跟大家不太一样的生活,所以会吸引我去读那本书,后来才发现是一本关于法律、审判的书。主人公(默尔索)跟他父亲的矛盾,感觉从童年起就产生了一定的影响,到后面他在法庭上对神父还有对那些法官说的话,我觉得都很有意思。"

来到北京的军军,和父母挤在一起住,日常都没有机会去北京的商业中心和那些有特色的小胡同里看一看,也几乎没有去过什么公园;他去得最多的地方,就是北京的各个小区,跟着爸爸一起去做跟门窗工程相关的事情。北京对于军军来说,并不是一座五光十色的都市,而是无数个等待装修的楼宇和工地,凌乱、混浊,有漫天的尘土。在那里,有些

人来了,有些人又走了。¹

我请军军在书里找一段自己最喜欢的话,读给我。

到了傍晚,"远志"的微信头像跳动起,是军军发来的一段音频。他的声音低沉而平静,仿佛蕴含着某种超越了他年龄的力量,让他纷乱的意念得以收束:

> 此时,在这黑夜尽头、拂晓之前,我听见汽笛声响起。它宣示着旅程即将展开,通往从现在直到以后对我而言已完全无所谓的世界。许久以来第一次,我想起了妈妈。我想我了解为何她在生命来到终点时找了个"男朋友",为何她会玩这种重头来过的游戏,即使是在那里,在那个生命逐一消逝的养老院,夜晚依然像个忧郁的休止符。与死亡那么靠近的时候,妈妈必然有种解脱之感,而准备重新再活一次。这世上没有人,没有任何人有权为她哭泣。我也像她一样,觉得已经准备好重新再活一次。仿佛那场暴怒净化了我的苦痛,掏空了我的希望;在布满预兆与星星的夜空下,我第一次敞开心胸,欣然接受这世界温柔的冷漠。²

---

1 关于以军军为代表的"00后"外来务工者如何在日常生活中塑造自我身份认同,参见严飞,《"00后"农民工的主体性建构:对一位"00后"外来务工者的个案研究》,《广东社会科学》,2022年第3期。
2 加缪,《异乡人》,张一乔译,北京大学出版社,2015年,页125—126。

白孔雀

这是我第一次见到白孔雀。

一身洁白无瑕的羽毛,没有任何杂色,长长的尾巴拖在地上,尾巴有一部分蓬松着,像一朵巨大的蒲公英,轻盈得好像随时会飘动起来。

几只白孔雀就这样慢悠悠地在小区的道路上走着,时不时发出一声响亮的长啸。道路的转角处,还有一只大梅花鹿带着小梅花鹿在草丛中觅食。

这座小区离城市最繁华的商业中心只有大约20分钟的车程,整个小区就像一座巨大的堡垒,周围全部被高高的围墙圈了起来,围墙内一排排茂盛的植被,天然地遮挡住了小区内部的风景。小区只有一个正门,铝合金的道闸杆默默地垂放着,一名精壮的保安站在门卫闸机那里,熟悉地指导着我们这些访客填写登记表格。

阿微就站在道闸杆后面等着我们,他是这座小区的门卫,刚刚完成交接班工作,手上正好没有什么活,就主动提出带着我们进到小区里走一走。

因为已经结束了一天的工作,阿微穿得非常休闲,运动裤、运动鞋,再加一件泛旧的短袖T恤,戴着一副黑框眼镜,和门口还在值勤中的保安形成了鲜明的对比。

于是我就平生第一次见到了白孔雀,一只不在动物园笼子里的白孔雀,就这样大摇大摆地在小区的内部道路上晃悠。

看见我一脸惊讶的表情,阿微很淡定地笑了笑,似乎早已经料到我会吃惊。他告诉我,在这个小区里,大大小小的动物随处可见,就这样和小区的居民一起和谐地生活。"瞧,那里还有两只小鹿,等会再带你们去看羊驼。"

我们走到小区中央的开放式草坪,差不多有两个足球场那么大,一层明显经过养护的绿草柔软地趴在地上。草坪紧挨着人工湖,里面还有很多鸭子和鹅;草坪的中间,有一个小孩子在给小鹿喂胡萝卜,一边喂一边抚摸着小鹿淡黄色的绒毛。还有三三两两的父母带着孩子在草坪上散步——在这里,厚厚的围墙遮挡住了车水马龙的喧嚣,时间仿佛也因此变慢了。

穿过大草坪,我们又来到一片芦苇湿地前,湿地旁立着一块小牌子,"苍鹭观测点"。小牌子的正文里,则介绍了这个都市社区是动物们的家,它们在此快乐的生活:

  这里有白天鹅、黑天鹅、鸿雁、斑头雁、绿头鸭、鸳鸯、红头潜鸭、银鸥。

当我还在感叹这里的生态资源如此丰富的时候,阿微带着我们穿过一片小树林,沿着一条木制的观景小道上了山坡。夕阳西下,我们在山坡上可以俯视整个小区内部的一座湖心岛，湖心岛上有一栋景观式的独立别墅，白色的巨大阳台凌空于水面之上，还有两只绿孔雀趴在屋脊处，细长的羽毛在夕阳的照射下显得更加光泽亮丽。阿微说，那里是这座小区开发商住的地方。

"这条小道上的木板动不动就会塌陷断裂，我经常需要过来修补一下。"阿微告诉我们。

在来到这个小区的物业公司之前，阿微是一名木工，所以小区里所有有关木工的修补工作，都由他一个人完成。

阿微今年刚满36岁。2003年非典那一年，他走出山东农村，跟着表哥一起来北京做木工学徒。说是来北京，其实落脚的地方是在平谷的乡下，距离北京城区有两个多小时车程，环境和老家村里没有什么区别，甚至有的地方还不如老家村里好。他在建筑工地上连学带做，做了3年的木制门窗，之后木制门窗就被铝合金、塑钢的门窗替代了。木制门窗在北京没有了市场，阿微又跑去了河北的文安县，自己找装修的活干。文安是固安南边的一个小县城，县城很小，骑自行车半个多小时就能转一圈。县城小就意味着可以干的活也少，做了一段时间的橱柜，他就又跑回北京，先是做了一年的木雕，之后就进了北京皮村那里的一家家具厂，在工厂里做家具，一直做到2020年，然后自己应聘到了这个小区的物业公司。物业公司看到他年轻又有一门木工的手艺活，就把他留了下来做门卫，同时还负责小区内除了水电以外的所有综合维修保障工作。

阿微的木工手艺极好，几年前还自己手工做了一把木琴，但因为没有系统学习过音乐，所以在音色的调校上还缺乏把握，再加上家里人觉得这是不务正业，所以最后只能作罢：

> 本想我在家里自己整个小工厂，在家里，一个是没有地儿，一个是家里人也不怎么支持，说做出来卖给谁去，咱们村里、咱们镇上几乎玩这个的都没有。所以就做出一把来，肯定是没问题，只是音色上很难把握。这种音色我觉得主观的特别多，它不是那种客观的，没有一个机器测定什么的，大部分都是主观的，用一个形容词形容这把琴出来声音是什么样的就是什么样。

做木琴的想法只能成为一个泡影，阿微最后选择了小区门卫这份工作，再加上日常的维修维护，收入倒是比单纯做木工更多，并且不用再像以前那样，站在工厂的流水线上，日复一日地重复着同一个安装动作。因为小区的环境好，别墅区那里的业主如果不报修，阿微就没有什么事情，只要不是水电活，有的时候综合维修还可以拖到第二天再去做。没有报修的活，阿微就会被派去修理一下烂掉的木栈道，或者刷一下油漆、换一下灯杆。

当然也会有忙碌的时候。每年七八月的雨季，就是整个小区最忙碌的时节，物业公司每天都会安排好几个人24小时值班。小区里有人工湖，有各种植被，一下大雨，湖里的水就会涨起来，又不好往外排，如果一下子冲进了别墅区的地下室和车库，就会淹了一大片。所以下大雨是最大的挑战，每次都会把阿微和同事们搞得精疲力竭。

我们下了山坡，穿过一座露天泳池，走进一块小区自带的足球场，这里用的是人造草坪，修得齐齐整整。阿微担心踩到草坪，于是我们坐在了球场边的木制看台上继续聊。

我问他对北京有什么特别的感情，是否有想过未来有一天要回老家。

对于这一问题，阿微倒很坦诚，直接告诉我，他不希望再回到家乡生活工作，甚至对家乡的乡土氛围产生了一定的排斥：

> 我在村里特别不爱说话，走大街上不爱说话，村里人就传言我特别"迂"，三脚踹不了一个屁的……差不多是工作很长一段时间以后我才配戴眼镜的，以前我是不配眼镜的，如果我配上眼镜（更像一个迂腐的人），我就觉得村里人会说我……在老家那种距离感不好保持、不好把握，而且我感觉我就是那种情商特别低的人，容易得罪人。

在阿微看来，虽然他对城市的生活与文化并不认同，但城市里人和人之间会自动保持一个距离感，至少属于他可以接受的范围：

> 在村里会有很多人际关系要处理，在北京我不用，特别讨厌处理（村里的）人际关系、特别复杂……我不爱跟人打招呼，在这边（北京）我不打招呼没事，见着业主的话我不喊也没事，不微笑也没事，在老家就不行。（一位小区的业主）说话特别客气，但是客气中很冷漠。就是"各位辛苦了"，客气客气就走了……在这边（北京）如果是我不认识就不用理、不用应酬，最多说句客气的话就完事。

这让我想起作家方方在《涂自强的个人悲伤》中所刻画的一个小人物的故事：生于大山里的涂自强努力考取了大学，梦想着通过个人奋斗改变命运，过上幸福的生活。在城市里打拼许久，他在精神上更接近城市，害怕面对家乡的亲人。在他父亲去世后的那个春节，他深刻感受到了自己与故乡的距离，于是决定绝对不会再回来：

> 家里没有网络没有电视也没有书。除了母亲，甚至也没有其他亲人。每一天的生活都与头天相同。过百年

也只一日。偶有亲朋过来坐坐，所说的话，所问的事，大同小异，全然引不起涂自强的谈兴。涂自强在家不足10天，便对这样的生活深感厌倦。他想，我3年不回家难道只是因为省钱？或许就是我根本不想回来？不想面对这个地方？难道我对这个地方全无热爱也无眷念之心？虽然这是我自小生长的地方，是我的家乡，可它的贫穷落后它的肮脏呆滞，又怎能让我对它喜爱？又怎能拴住我的身心？难怪出去的人都不想回来。我也是他们中的一个了。这个地方我是绝不会回来的。[1]

在和阿微的聊天中，他好几次主动提到了自己不愿意回到农村的原因——人际关系的压力。家乡的"人际关系压力"在多大程度上影响了阿微回去生活的决心，或者说，这只是阿微掩盖其他更深层原因的托词？假如家乡的"人际关系压力"真的存在，也许说明农村家庭、农村社区，已经不再是以阿微为代表的外来打工者在城市里遇到挫折时的避风港。无论"人际关系压力"的程度如何，但在阿微的理解中，使用"人际关系压力"之类的话语，倒是可以很好地获得我们的同情与理解。

德国社会学家齐美尔曾经在一篇小文章《大城市与精神

---

[1] 方方，《涂自强的个人悲伤》，北京十月文艺出版社，2013年，页87。

生活》里提出了一个经典问题："一个现代人在城市生活中如何保持独立个性并存活？"在齐美尔看来，城市生活的真正核心是居于其间的人，只有看到城市里的人，才可以思考大城市和精神世界之间的关系。在大城市里，人们之间的交往更加强调理性主义，凡事都精于计算、利益当先，所以导致"大城市人相互之间的心理状态一般可以叫作：矜持。在小城市里人人都几乎认识他所遇到的每一个人，而且跟每一个人都有积极的关系。在大城市里，如果跟如此众多的人的不断表面接触中都要像小城市里的人那样做出内心反应，那么他除非会分身术，否则将陷于完全不可设想的心理状态……于是，我们跟多年的老邻居往往也互不相见，互不认识，往往教小城市里的人以为我们冷漠，毫无感情。"[1] 但与此同时，城市交往中特有的矜持，也在一定程度上让大都市的人可以保持合适的距离分寸，人们不会被烦琐的人情世故所累。这也是为什么很多年轻人宁可留在大城市过着辛苦打拼的生活，也不愿意回到家乡的"熟人社会"之中，被迫接受各路亲戚、街坊的关心和审视。

"如果攒下点钱，我想自己在城里买个三四十平米的房子，就我自己住。"阿微表达了自己对于未来在城市定居的

---

[1] 齐美尔，《大城市与精神生活》，载于《桥与门：齐美尔随笔集》，涯鸿、宇声等译，上海三联书店，1991年，页267。

向往，但谈及未来的期待，他则明确表达了自己对自身职业发展并没有太多的想法，"学点东西，技术类的就算了，我岁数也到了。我觉得在这儿混到退休完事了，如果能混下去的话。"同时他对自己10岁的孩子也没有太高期待，"我下一代反正就这样，能活着就行，不是特别地期待。上不上大学都行，能上肯定是特别好。"

阿微的儿子今年10岁，在老家的学校里读书，成绩在班上中等，明年升初中，但是学校不是特别好，是那种数学考61分就能拿到全校第一的教育水平。媳妇每年大部分时间都在老家带孩子，来北京的时候会做一段月嫂，给别人照看婴儿。

儿子当然希望爸爸也可以回来陪他。以前做木工的时候，阿微倒是很自由，没有工期就可以回家，有的时候不想干活了，就辞职回家歇着。但是现在做了小区的保安，工作要求只能每周休一天，并且不让连着休，最多可以申请连着休两天，而如果申请连着休3天，就会非常困难。上一次阿微回去，还是过了"五一"假期之后赶上的一个不上班的周日，请了3天的假，才回去了一趟。阿微告诉我，下一次回去，也许可以春节过年的时候申请倒一下班，但更有可能的情况是，还是需要24小时全天守候着——尽管过年的时候大部分业主都不在家，有的甚至在海外，但是对于阿微来说，过年就意味着需要把所有供需的东西都上上下下检修一遍,以防止跳闸或者断水:"反正没啥事就在这待着。"

想要逃离乡土社会中"熟悉"与"亲密"的阿微,与父母、妻子、儿子,甚至与同在北京打工的亲戚也并没有太多的联系,生活状态更加"原子化",婚姻与家庭更多像是在传统话语之下的一种惯性之举。作为大城市中的异乡人,他既想留下,又迷茫于未来,似乎永远在矛盾中张望着,却看不清楚自己及下一代怎样才能更好地融入其中。对未来没有期待,实际上是对当下的麻木。

月亮与六便士

在阿微这一路的"北漂"打工生涯中,有一段十分重要的经历,就是加入了一个文学写作的同人兴趣小组。

2013年,阿微来到北京皮村的家具厂做木制家具。来到皮村几个月后,阿微就听说了这里有一个劳工文艺服务组织——皮村工友之家。因为地点距离工厂很近,阿微只要不加班就经常去工友之家大院里的图书馆看书。文学小组成立之后,阿微开始写作。虽然他在初中时很讨厌语文,"看着作文题目头疼",语文成绩几乎没有及格的时候,但是现在让他"自个儿写点东西",他觉得还是比较容易。

文学小组的规定作业是每个月写一篇,上交给小组的负责人。但真正能坚持每个月都完成作业的工友非常少，因为他们的工作时间不固定，日常工作也相当繁重。阿微争取完成一个月写一篇的任务，虽然有时候会写不出来，但硬着头皮写个一两千字的小作品也能交上去。

阿微的第一篇小说《断指》写的就是他所在的木工行业里最常见的工伤：

> 一年到头小伤不断，别出大伤就行。断指也算是个稍微大一点的伤。我们以前厂子机加工上，我是干木工的，机加工是专门下料的，他们那是五六个人，大部分手上都有伤。就是机加工的那个断指的，掉了一截，然后儿子也掉了一截。我看到他儿子掉了一截，他也掉了一截。然后他一个表哥在这里锯了一刀，我只是看他手上一道疤，然后听说是锯完了以后手已经耷拉着，几乎把骨头切断了，然后接上了。还挺好的，还能用。从干木工活来说，我手还好。然后看他们干时间长了，大部分手要不然掉一截，要不然歪的，应该是接的。工伤的时候公司会给一点赔偿，也不多。

在阐述自己创作这一篇作品的动机时，阿微有一段话令人印象深刻，表现出了为群体而书写的责任感：

> 我觉得应该把它（《断指》）写出来。其实我写东西大部分觉得应该写，我觉得应该把我看到的记录下来，我觉得我有这个责任。我觉得我就是代表这个基层，我是在这个里边的。如果是别人来写的话，他不在这里边。然后他如果是写这里边的事的话，在主观上可能和我看到的不一样。

在另一篇名为《路》的短篇小说里，阿微描绘了两位想自己干装修的木工，在北京周边不断找活干的故事。在小说的开头和结尾，阿微细致地写出了主人公们梦想和现实的巨大差距。说是小说，其实就是阿微自己早年在北京平谷和河北文安县做木工的经历：

> ……在和表哥经过了3年的木工学徒后，又和本村的一个老板干了两年的装修，那时候心里不安分起来，经常看一些成功学鸡汤类的书籍，身边成功逆袭的例子多了起来，某某自己当老板了，某某开着轿车回家了，某某出了20万给村里修的路，等等。当时我总是怀疑，这是不是对我预兆，这些成功的例子是在激励我的，就像成功学里讲的，只要想要，就能得到？我也想成功，也想衣锦还乡，光宗耀祖，也想为村里做点像是修桥铺路的好事，当时我的心一直在蠢蠢欲动，思索着趁年轻

自己也闯一闯，没准就能成功了呢。

……

我也认命了，在这一线的劳动中了此余生。现在环保排查，取缔五小企业，我还是高估了自己的命运，厂子倒了，天亮后又要去找活了。

年轻时对于成功的"蠢蠢欲动"，到了今天已经成为笔下自我戏谑的对象，但阿微对文学的热爱，这么多年都没有改变。直到现在，他依旧保持着每周参加文学小组线下活动的习惯。从他现在工作的小区坐公交车到皮村，路上大约要两个小时。每个周六的下午5点下班，他就出发去皮村，大约在7点多抵达，待到9点多再往回赶，回来已经是夜里11点了，有的时候也会在那儿住一晚。对阿微来说，如此坚持不断地重返皮村，是因为那里"在生命当中留下了一个非常重要的部分。有一个大家可以一起说话的地方，会有这样的一个环境和气氛，大家会在一起"。

我问阿微："你觉得文学是一种心灵的寄托吗？"

阿微回答："有可能是。像我似的，其实我是什么兴趣爱好都没有。好多人大部分都是抽烟喝酒打麻将了，同一个宿舍的其他几个（保安），下班后就聚在一起喝酒，这一套我是不会的，我也不抽烟。我还特意学过，学了好几个月也没学会，当初我在村里干活的时候，工长每天发一包烟的，有时候我会跟着抽，抽了一个月，也没学会。还是想最起码自己有一个爱好。现在写东西，有的时候会回宿舍写，有的时候也会在小区的图书馆里。图书馆比较安静，几乎都没有人去那儿。"

被问到自己最喜欢的诗人是谁，阿微立即提到了许立志，那一位选择了"死亡"主题的打工诗人。[1] 在阿微看来，许立志的诗没有刻意的呻吟和华丽的技巧，白描、质朴、不矫情，却在朴实的字里行间告诉我们：生活，原来很难。

在一首阅读许立志的作品后突发灵感创作的诗作里，阿微写道：

> 如果有来生
> 我愿做一道闪电
> 可以刨开乌云的胸膛
>
> 如果有来生
> 我愿做一只雄鹰
> 有属于自己的天空

---

[1] 许立志是一位 1990 年生的打工者，热爱写诗，著有遗作《新的一天》。这本诗集汇集了他自 2010 年以来所写的近 200 首诗，其中大部分诗作是在深圳富士康打工期间完成的。

如果有来生

我愿做一滴水

相信总有一天

能见到大海

当阿微向我娓娓道来他对文学的热爱时，离我们不远处的孔雀发出了一声悠悠的长鸣，我们坐在足球场边的看台上，彼此相视一笑，就好像加西亚·马尔克斯小说里的画面，充满了魔幻现实主义色彩。

在这个社会里，我们对一切东西都会去问它有什么用，能让我赚多少钱，能让我得到什么。诗歌、文学看起来好像是没用的，正是因为它没用，它才稀罕，恰恰反衬出这个时代下的种种荒谬，或是这个时代每个人的局限。

当阿微在高档小区物业员工的宿舍里，一字一字写下自己的经历和感受时，对他来说，是日常生活的一种喘息，点燃了自己的孤寂和彷徨，也在文字里获得了一种无关金钱和社会地位的自由。

我继续追问他最近在读什么小说或者诗歌。阿微告诉我，最近最爱读的是毛姆的《月亮与六便士》(*The Moon and Sixpence*)。而这本书就放在物业公司的书架上，干净整洁，从来没有人翻阅过。

我们不约而同地脱口而出：

> 满地都是六便士,他却抬头看见了月亮。[1]

底层能发声吗

> 我的生命是一本不忍卒读的书,命运把我装订得极为拙劣。

2017年4月,一篇在朋友圈迅速走红的自传体文字《我是范雨素》出人意料地将一位城市打工者的苦难生活推到了众人的手机屏幕前。作者范雨素展现了自己面对生活重负与命运不公时的平静,文章看似轻描淡写,内里却蕴含着强烈的力量。这篇文字所引发的媒体和社会关注为打工写作群体投下了一束光,但范雨素的一夜成名却难以再为其他打工写作者所复制。[2]

"打工文学"始于20世纪80年代,与农民工流动相伴

---

[1] 许立志也曾写过一首以月亮为主题的诗,名为《我咽下一枚铁做的月亮》:"我咽下一枚铁做的月亮 / 他们把它叫作螺丝 / 我咽下这工业的废水,失业的订单 / 那些低于机台的青春早早夭亡 / 我咽下奔波,咽下流离失所 / 咽下人行天桥,咽下长满水锈的生活 / 我再咽不下了 / 所有我曾经咽下的现在 / 都从喉咙汹涌而出 / 在祖国的领土上铺成一首 / 耻辱的诗。"

[2] 范雨素是一位北京育儿嫂,来自湖北襄阳,初中毕业。2017年,她的作品《我是范雨素》在"界面·正午故事"发表。在这篇文章中,范雨素讲述了自己一家三代人坎坷的经历和命运,被认为交织了阶级、城乡和性别等议题。

而生。发展至今，已经演化为当代中国社会一个特定而庞大的群体的心灵史。由于结构性和体制性限制，这一群体在城市中的工作和生活经历，以及徘徊于城乡之间的迷茫带给了他们不同于以往乡村生活的生命体验，其中的不适和痛苦催生了这种打工写作文化。

文学写作在"打工写作者"身上所凸显的意义绝不只有文学理想——当打工者执笔书写自己以及所属群体的故事，或以诗歌为矛直指生活苦痛的时候，文字便已超越了形式，构成了底层群体表达自我意识、呈现主体性的重要渠道。

打工者的文学作品关涉他们往昔的生活经历及其与社会变迁的互动，这需要我们返回到具体的、有温度的场景中，进入他们的日常生活与心灵世界，如此才可以理解城市转型与发展在他们个人经历中留下的烙印。

这一次我们进入的田野，是在阿微的讲述中不断出现的北京皮村。

皮村位于北京五环外，是一个典型的城中村，因为租金低廉，居住在此的人有90%都是外来务工者。[1] 像所有的城

---

[1] 根据当地办事处2017年发布的数据显示，皮村整个村域面积约281万平方米，住宅面积约18万平方米，非住宅面积约263万平方米。村内有大小企业200多个（以加工、展览展示为主）。全村511户，总人口1768人，其中农业人口1170人，非农业人口598人，流动人口9000余人。除了该办事处当年公布的数据，我未能找到其他关于该地流动人口的最新官方数据。曾有学者估计皮村外来人口大约2万人，参见吕途，《中国新工人：文化与命运》，法律出版社，2015年，页298。

中村一样,这里在城市整治之前低矮杂乱,人流车流在坑坑洼洼的路上混行,破败脱落的土墙上、东倒西歪的电线杆上,横七竖八贴满了五颜六色的"牛皮癣"广告。因为离机场近,几乎每隔几分钟就有一架飞机飞过头顶。而飞机的低沉轰鸣声,提醒着人们这个地方和城市有着如此紧密的连接。

皮村人气最旺的地方,是成立于 2002 年的工友之家。这里有一座小型的剧场,一家二手服装商店,以及一座博物馆和图书馆。这里曾经因为崔永元来主持过"打工春晚"而名噪一时,再加上《我是范雨素》的传播,让这里一度成为媒体、学者关注"新工人"文化实践的试验田。"新工人"是工友之家为外来务工人员带来的一个新名字,以区别于国企单位制里享有体制福利的"工人"和带有歧视性色彩的"农民工"。

"新工人"文化实践的一个重要组成,就是文学小组。[1]皮村的文学小组成立于 2014 年,由工友之家主办,旨在为"新工人"提供一个稳定的学习文学的课堂和练习写作的平台,其他的文化服务活动还包括文艺小组、摄影小组、电影放映、图书借阅等。文学小组的核心成员都有在主流媒体发表过诗歌或者纪实文学的经历,他们学习和活动的形式丰富

---

[1] 2017 年 12 月,我们的研究团队第一次进村,但文学小组不巧被迫暂停举办活动,至 2018 年 3 月恢复。课程恢复之后,研究团队便开始定期参加文学小组的线下课程和其他线上的讨论,并一直持续到 2020 年 1 月底。

多样,主要包括线上文学讨论、线下文学课程、每月主题写作训练等。他们有一个相关的微信群,每周五晚都会有一场线上讨论,每次由一位成员推荐一篇文学作品,并由其主持线上讨论,其他成员轮流发言,但稳定参加讨论的成员一般在五人左右,有时甚至更少。[1] 群内也会不定期地分享媒体约稿消息、新媒体或各高校学生主办的线下文学交流活动以及游玩聚餐等情感建设活动。文学小组成员每一次举办团队建设活动,到场的所有人都要轮流表演节目,内容大多是读诗和唱歌。

自2014年开始,文学小组每到年底都会将小组成员的所有年度作品编辑成册,至2020年,已有6册《皮村文学》。在每一册《皮村文学》的封底,都印着同样的两行字:"没有我们的文化,就没有我们的历史。没有我们的历史,就没有我们的将来。"这本自己设计、自己印刷、只在内部传阅的小书,承载了太多工友的文学理想,他们透过文字传达出对于现实的寄托,让我们看见漂泊中那些无所寄托的感情,以及生活里的褶皱与肌理。

---

[1] 此外,在早期的时候,文学小组每月还会确定一个主题让核心成员进行文学创作,月底的时候在微信群中进行评选,由群内的文学小组成员在指定时间内进行投票,分别评出"人气奖"和"进步奖",由志愿老师评选"创新奖"。而每个月能按时完成"作业"参加评选的成员人数变数较大,一般不超过8个,有时甚至更少,大多数未完成"作业"者都是因为工作加班耽误了写作。文学小组每月主题写作的评奖活动后续逐渐减少,直至消失。

对于工友们来说，写作本身从来都不是一个问题。真正的问题是，如何通过写作表达出个体的声音。

事实上，作为"打工文学"创作主体的农民工群体，一直是沉默的大多数、底层的无声者，长期以来面临着话语的缺失。后殖民理论批评家盖娅特丽·斯皮瓦克（Gayatri C. Spivak）就曾发出过"底层能否发声"的质疑。"底层能否发声"的问题涉及两个层次：第一，作为整体性的"底层"是否能够表达自身；第二，如果底层能够表达自身，底层中的女性是否在"独立性"的言说范畴之内。对此，斯皮瓦克明确指出："历史书写中的'人'或者'公民'指的只是精英。底层可以通过历史学家的书写发出声音的想法其实只是一个神话，事实上只是历史学家在历史的页码间表述底层，从这个意义上讲，底层不会发声。"[1]

如果说斯皮瓦克针对历史书写者并非底层群体本人而是精英这一困境提出了"底层能否发声"的问题，那么"打工写作者"成为自身的书写者的事实，则证明了底层是能"发声"的——他们不仅有表达的意愿，而且在不断地尝试去表达。以往的"底层如何被表述"则变成了更接近底层的真实的问题，那就是"底层如何表达"的问题。

---

1 Spivak, Gayatri C. 1988. "Can the subaltern speak?" Pp. 217-313 in Cary Nelson and Lawrence Grossberg (eds.). *Marxism and the Interpretations of Culture*. Chicago, IL: University of Illinois Press.

从这些打工者个人的生命历程出发，我想进一步探讨他们是如何被社会变迁所形塑成为写作者，从而得以"发声"的。打工写作者的成长过程呈现了个人生命历程与社会结构和变迁之间的互动——萌发于孩提时代的文学爱好在农村有限的文化条件中微弱发育，在割裂的农民工身份和文化追求中遭受挤压与斥责，在城乡流动和工业生产中催生出表达的出口，最后又在他们自发组织的情志共同体中汇聚成长。

微弱的火

大多数至今仍坚持写作的打工者在学生时代就培养了对文学的爱好，原因或是因为学生时代语文老师的引导与器重，或是源自家庭环境的影响与熏染。但是，在文化资源有限的农村，文学爱好和阅读需求只能得到有限的满足，诚如两位被访者指出的：

> 其他人上河里抓鱼，我就上街上的新华书店看小人书，《东周列国志》，还有街上摆摊的，知道一些历史典故。人家要收摊我还在那儿看。（被访者 XLY）

> 村里能够找到的杂志、小说、报纸基本上都找来看过了。甚至我爸藏的《妇女之友》《知音》《老年春秋》

什么的，我都看过。（被访者WHS）

除了有限的书籍，村里的"大喇叭"和收音机也对他们文学兴趣的培养产生了重要影响，在被访者的讲述中构成了对文学兴趣启蒙的最初印象：

> 那时候比较爱听广播剧，比较新的。每天中午就去听，对文学也是模仿，也是有点梦想。（被访者XLY）

> 收音机里播放《哪吒》，那时候听书，就觉得听着这种曲艺形式，就觉得挺合适的，我就喜欢上了。（被访者WHJ）

> 喇叭会放这个东西，《杨家将》《三国演义》《水浒传》。我家里面那个时候没有录音机什么的，一般到那个时间就到喇叭下面听评书……我爱给小伙伴们讲……所以我听了以后，给他们讲的过程，可能无意中把这些东西记住了。（被访者WCY）

有些打工写作者在中学时代便开始通过文学来表达自己对周遭世界的思考和对社会现实的理解。两位被访者在回忆自己写作历程的时候，明确指出了中学写作时对于当时教育的反思和批判：

> 初二的时候，我写了《空想无为》，六七千字，写着不费劲，校园题材。（写的是）粮管所的一个主任家的孩子，不好好学习，因为有靠山，就是现在的"富二代"。不学，有一个好爸爸。后来他没有学好，就去顶替他爸爸的工作。经常懒散，但是没犯大错，就不能开除。有真实原型。（被访者XLY）

> 从初中的时候开始（写）吧，高一最多，写了几万字，后来因为老师打压就没有写了。初中的时候写一写小童话，很幼稚的，蝴蝶与花的对话，池塘里面的小鱼与小孩的对话，挺幼稚的……高中的时候写过爱情小说，（写的是）小孩早恋被学校开除。基本上都是些小孩怎么被老师摧残打压。寓言小故事，对社会的看法，对学校、大人的批评，家庭的反思，对亲情的质疑，父母不一定爱自己的孩子，教育里面有许多虚伪的，当时很幼稚，但是感知到了一部分。（被访者WHS）

但是，他们对文学的爱好常常遭受学校老师的打压、同村伙伴的不解与嘲笑，因此也形成了长期的心理创伤和阴影。

> 村里听了（我喜欢快板）以后，一些学生也经常拿我这快板取乐，一些人上学的时候他们都截我……缠着我，他就是拿你取乐的意思。（被访者WHJ）

由于"家里供不起"和有限的升学机会，这些打工者的求学生涯几乎都止步于初中，有的甚至小学都没有毕业。辍学之后，他们只能在家务农或外出打工。若是在家务农多年，到了组建家庭、生儿育女的阶段，也会迫于生计而外出打工，"做过十几份职业"的人并不罕见。

脱离了学校教育体系，打工者与写作者的双重身份显得更为尴尬和割裂，而家人对他们坚持文学阅读与写作的反对几乎是贯穿始终的。但是，不少打工写作者在面对工作与写作在时间和精力上的冲突时，依旧选择继续坚持自己的文学爱好。一位生于1965年、初中毕业的被访者郎远大哥回忆道：

> 1988年结婚之后，爱人就反对（写作）。爱人说不好好干活……早上起来，东西没了，把墨水也泼了。真又好气又好笑。吵嘴。能当饭吃吗？我默默地、偷偷地写，坚持一下……给县里和省里投一下稿。来了稿费什么都不告诉我，老婆都不告诉我……爱人不支持……她说，你干那个有啥用，能得到多少钱呢？她不太理解，有时候吵。有时候搬家，我的书都不重视，我不在家就

没了。搬一次，丢一次……好多稿子就丢了……重新记忆，重新写，记录下来。

虽然他们的文学之路早已开启，按照郎远大哥的说法："凭着小聪明，就是微弱的火。虽然那时候有小聪明，但是没有弄出名堂来。后来结婚了，压力更大。"面对着贫穷的生活和家庭的重担，文学对打工者而言显得过于奢侈。而生活、责任、命运迫使他们奔赴工地、工厂和城市的角落，却带给了他们更具冲击力的生命体验，也颠覆了他们完全不同于农村生活的经历与认知，这在另一层面上也点燃了他们文学书写的热情：

> 如果不去广东（打工）的话，文学梦就断了。在广东到2002年底，一直都断断续续地坚持。写作也是真实生活有感而发，人生的经历。没有活做的时候，也多写一点东西，多提高自己。我知道，心态要调整好，和年轻人那些都不同。大半辈子，过去了就过去了。能写出来的人，就是能够自我排遣的，文学能够起到这个作用。（被访者XLY）

打工者对文学的热爱如逐水的浮萍，在颠沛的打工浪潮中浮沉。艰辛劳累的工作和不公正的社会际遇既激发出他们不竭的表达欲望，通过文学写作来疏解内心的压抑、愤怒与痛苦，同时也严重压缩了他们从事创作的时间和精力。

被访者子湖生于1987年，初三便辍学外出打工：

> 服装厂上夜班，当时觉得有点失落，已经开始写了，计件的有个包号，我就只言片语地写在上面，当时上夜班即使没有活也要坐在那里，别人在聊天的时候我就在那里写……2012年我已经很绝望了，在车间里面疯狂写（诗），写了很多。

在同一车间里，他总显得"言行独特"："一开始大家觉得挺奇怪的，后来习惯了也就见怪不怪了。"

不同于子湖因诗歌而在车间里"离群索居"，诗歌也可以传递安慰、产生共鸣，由此在生产车间里产生了朴素的工友情谊。例如，被访者郎远大哥就自称为同车间工人的"窗口"：

> 因为比较爱好文学，交朋结友。给他们弄一些文化，比如写一些打油诗，鼓励一下他们年轻人。那时我快30（岁）了，有一些16、18岁的很苦闷，比我还没有社会经验，比较无聊彷徨，对社会上的这些事情——吃不饱肚子、拿不到钱、淘金的理想无法实现，碰壁了感觉，

我就安慰他，就给他写一些。当时车间里好多孩子，通过这种方式进行交流和交往，达成了比较原始的友谊。

但是更多时候，疲于奔命的生活方式会使他们的写作深受限制。在我们的田野访谈中，被访者常常表达出正面对着类似的写作困境：

> 还没写过一个（作品），都快半年了。我特别忙，老加班这几天。一夜一夜地加班。（被访者MJD）

> 因为我上下班不固定……写作时间也不确定。（被访者WCY）

> 我时间不固定，原先他们也会给我约（稿），结果我没按时给人家完成……那时候比较累，就是没时间写，过后呢，就又懒得写了。（被访者GFL）

> 到厂里面10年没有动笔。一个因为有了家庭了，有家庭的压力在这儿，不可能有时间写这个东西。反过来这个东西不能生活。所以基本10年笔搁下了。（被访者WCY）

> 这几年，始终没有心情创作……我母亲才去世两三年。那时候家里有病人，每天也没心情创作，我妈病之前我爷爷病着，我也始终没（写）。（被访者WHJ）

各地辗转打工多年之后，不少打工者在口耳相传的推荐中加入了皮村文学小组。"文化上的事断断续续地接上了"，他们能够固定地、系统地接受一些文学教育和训练，这对于大多数打工写作者而言是非常难能可贵的。因为，在此之前，他们对文学的热爱受限于经济与文化条件，"只有少量的书""没有方向""在家是不自觉地写，进入文学小组之后，有很多时候都自己自觉地写"。已经停笔的被"鼓励说你应该把笔拿起来"，放下了快板的重新想要"把这快板拾起来，在工人剧场里面做一次表演"，已经长久地离开了课堂的工友们，又重新成了有文学作业在身的"学生"。

除了在文学方面进行交流与学习之外，文学小组也为打工写作者在北京提供了"一个港湾一样的地方"，他们"像找到一个家了"。这也成了很多工友不愿意离开皮村的最重要原因。即使离开，也会像阿微一样不断返回。打工者多处于城市的边缘地带和弱势地位，社会关系网单一脆弱，文学小组与工友之家成了他们在北京主要的甚至是唯一的社会关系网，提供了珍贵的情感支持："在这里大家都非常实诚，不实诚的就成为异类，但是在社会这个大池子里面就相反，

如果自己不跟着大环境就会成为异类，在这种环境下很难保持自我。"（被访者ZYW）

虽然文学小组能够提供相对较多的资源，但真正能够坚持参加的仍然有限，一位被访者就指出："工作之余有时间的去参加，好多礼拜日都赶不上，下班很晚，工地挺忙的……一天多的时候干12个小时，很累的。"（被访者WHJ）对于文学小组每月的"写作作业"，需要很大的投入，能够坚持上课、写作的打工者相对更热爱文学，且更愿意为之付出时间和精力。

另一个与活动参与频率相关的因素是被访者的婚恋状况。文学小组的核心成员主要是大龄单身男性和与家人分居两地的已婚男性。被访者沉元生于1985年，初中毕业之后就外出做木工：

> 如果是结了婚，婚姻幸福美满的话，有可能他会偏向婚姻这一块。也就是说鱼与熊掌不可兼得的那种。其实确实参加这种活动的，大部分都是单身，也就是不顾家的那种。如果顾家的话，可能就很少参加这种节目……感觉也就是确实如果是家庭与爱好之间，还是二选一的。

城边的野草

打工写作者的文学作品包括诗歌、小说、散文、相声、戏剧等形式,这些作品是一个多元复杂的混合体,其中既有彷徨与呐喊、反抗与争取,同时也有对生活的温柔与热爱。底层的真实并非只关涉抗争与痛苦的体验,也囊括了更为广阔的日常生活中的经历与想法。对个人和所属群体的生存状态与心理感受的表达是打工写作者中最为普遍、日常的现象,通过这种方式发泄苦闷,或多或少能让这些在城市里漂泊的打工者在困境中获得一些精神和心理上的慰藉。

被访者郎远大哥写于1998年的一首诗歌记录了他在城市中与妻子儿女分隔两地的痛苦与无奈,但为了安慰鼓励当时同一车间的其他年轻工友,在诗歌的结尾表达了美好的生活将在苦累之后到来的希望与信心:

> 就这样抛下老父亲
> 抛下小儿子
> 抛下淋在秋雨中的稻子
> 就这么一走了之
> 欠收的牛郎啊
> 竟敢踏上城市浪漫的鹊桥!
> 生活的包袱

也幻想到城里去甩掉
说起牛郎织女恩爱的故事
乡下的穷夫穷妻,
恩爱能当饭吃么
……
啊,这城里的人可真多啊
简直成了人海
这城里的墙真高啊
陌生的我总是撞上南墙
撞了南墙也不后悔啊
出门在外谁没有遭过罪?
憨厚穷怕的牛郎
有的是力气去闯荡
只要我们两人在城市这个地方
哪怕你在那边工厂熬夜加班
哪怕我在这边工地拼命流汗
哪怕汗水流到嘴里
也像喝了蜜糖一样甜!
心里头老是这么想
来了就好好干
挣了一点钱
就租一间房

> 房子小点没关系
>
> 把乡下的老父亲接过来
>
> 把小儿子接过来
>
> 把隔在城市那边的织女娘子也接过来
>
> 牛郎织女在城里头全家团圆!
>
> ——节选自《逃跑的牛郎》[1]

离开农村来到城市生活的打工者在城市的边缘地位就像"自生自灭的野草",只能"靠自己的顽强的生命活下来"。郎远大哥的另一首诗正是农民工在城市中工作与生活经历的真实写照——找不着活干的时候如久旱的野草,而活计就像救命的甘霖:

> 这活越来越不好找
>
> 就像今年夏天的雨水一样少
>
> 季节过了都没盼着
>
> 立秋的第二天
>
> 愁闷的我刚转到那片荒郊
>
> 忽然来了一场秋雨
>
> 把我全身淋个透心浇

---

[1]《皮村文学06:城边的野草》,未刊稿,北京,2017年,页12—15。

啊！这雨淋得真舒服

淋得真好

城边的野草差点没旱死

终于得救了

——节选自《城边的野草》[1]

而对于那些在工厂里的打工者来说，每日就如同电影《摩登时代》里的卓别林，在生产线上拿着扳手拧紧螺丝，一次次地重复同样的动作，想要挣脱却又不自觉地陷入为了养家糊口的妥协之中。而对女工来说，有的时候甚至必须得按规定服用工厂派发的避孕药缩短生理周期，以延长工作时间。长期被束缚于生产线的经历给这些工厂里的做工者们造成了巨大的心灵创伤，内心"撕裂的状态"久久无法愈合，被访者子湖将其称为"车间后遗症"。子湖初三辍学后，从青春期开始的十余年几乎都在车间度过，从一个工厂到另一个工厂，虽然现在可能会"精神上感觉好多了"，"算是比较协调了"，但是十多年的车间高强度工作已经给他烙下了不可磨灭的印记："这种痛苦和忧郁还是会时不时袭来，灵魂也一直处在号叫的状态，有时候是呻吟、呢喃和呐喊……活得很累。"因此，生产车间、流水线是经历过流水线作业的打工

---

1 《皮村文学 06：城边的野草》，未刊稿，北京，2017 年，页 9—10。

写作者的诗篇中经常出现的意象，机械上的异化劳动带给打工者的影响是深入骨髓的：

> 无尘衣 无尘帽 无尘靴子
> 车间流水线上下
> 已是显得干净无比
> 可我们的表情还是无法舒展
> 一年比一年飘荡的厉害
>
> 双手越来越跟不上机台的节奏
> 重复 重复 来回重复
> 我们的青春
> 在螺丝 红色电源线
> 和微型电阻里消耗着
> 一年比一年沉默得厉害
>
> ——节选自《流水线上的青春》[1]

比工作艰苦、生活简陋更令人心寒与愤怒的是打工者群体时常面临的欠薪问题，这也成了打工文学作品中的常见内容。郎远大哥擅长借神话进行讽喻，以借古讽今的手法来表

---

[1] 《皮村文学 04：工厂的嚎叫》，未刊稿，北京，2017 年，页 404—405。

达自己的义愤和不满。他自称"有一点爱出头,有一点二,看着蔫不拉几,但是有不正义的事,人家欠账的时候,就敢去要,哪儿都敢去,话都敢说"。曾在打工春晚上表演的小品《猪八戒盖澡堂》就是欠薪的典作,猪八戒即请人盖澡堂却拒付工资的老板,从猪八戒的人物形象我们便可一窥作者对欠薪老板的态度与情绪。但对于另一些打工者而言,激烈的愤怒情绪和反抗意识也在逐渐消磨殆尽,已经逐渐淡化了对"老板剥削"的说法:"对这个社会不满也好,习以为常了,我没有太多的(抱怨),已经习以为常了。"(被访者WCY)

由于在城市中漂泊打工的艰辛,抒发痛苦、释放愤怒成为打工文学作品的主题,但积极、乐观与希望也有一席之地,不论是出于对自我的鼓励还是与他人的共勉,"对自己的身体健康和自己的人生的发展道路,也还是有好处的"(被访者XLY)。事实上,对复杂多面的主体性的关注才能够更加接近打工者群体内部的差异与真实,从而超越简单反抗与顺从的二元对立。

虽然同住城中村,农民工对城市的体验与感受并非都是"边缘化"与"疏离",对一方小小的出租屋,也可能产生极大的眷恋,也可以在其中找寻到小小的快乐。被访者莱古大哥生于1968年,初中毕业,目前是一名电焊工和安装工,他的文字温柔得惊人:

我每天都要洗脸

轻轻地，匀匀地，细细地

洗出人们的赞叹

工作之外

我每天都会

整理出租屋

我要把出租屋整理成

洁净的脸

清早，和你分别

我咀嚼一天的牵挂

温馨的夜晚

你拥抱着我的轻鼾

外面的寒冷和漆黑

与我无关

夜夜享受你给我的贴心温暖

哦，出租屋

你是我在异乡

最浓郁的爱恋

——节选自《出租屋》[1]

---

[1]《劳动者的诗与歌：工友之家皮村文学小组作品集（2016—2017）》，未刊稿，北京，2017年，页163。

大多数打工写作者通过诗歌、非虚构写作和小说等文学形式讲述自己或身边人的故事，而较少涉及与个人生活经历有一定距离的公共议题。这种生存状态的公开表达是打工者们用自己的叙述方式构建与呈现自我价值的表现，是他们尝试以平等的农民和工人群体的身份进行的表达，"算是心灵的归宿"。而当他们试图通过发表作品来与更广阔的社会群体进行对话时，他们就进一步实现了群体形象与集体认同的再造。通过文学写作进行的文化表达，既改变了社会对他们的认识，也改变了他们对自我和社会的认识。

虽然打工写作者群体已初具规模，他们可以执笔书写自我，而不再需要通过他人"代言"，但文学写作还无法成为打工群体真正实现向上流动的渠道，他们自己也不认为可以通过写作来维持生计，甚至改变命运。文学无法拯救群体的生活困境，即便"成名"的少数个体亦难改变原先的生活轨迹。"范雨素事件"所招致的一拥而上而后一哄而散的媒体记者，让他们回忆起了多年前工友之家同样被簇拥继而被冷落的场景。虽然普通的打工写作者突然被互联网和媒体推得很高，大家心里都明白，"也不指望（写作）当饭吃"，"就是业余时间娱乐娱乐"。绝大多数被访者依旧为生计奔波，而收入低、加班时间长、工作时间不固定仍是阻碍打工者进行文学学习与创作的最大因素。同时，从他们有限的发表渠道和更为有限的发表数量可以看出，整个打工写作者群体的作品所能引起的社会关注并不乐观。

即便如此,他们依旧在坚持写作,试图通过文化与叙事争取话语权与表达权,进而重新塑造外来打工群体的整体形象。这就引出了一个值得讨论的问题——底层表达的声音是真实的声音吗?

在皮村的工友之家中,随处可见"新工人""劳动光荣"的宣传标语,阿微告诉我们:"在(皮村)这边天天宣传这个,肯定是熏也熏出来了,待了四五年。"如此,打工写作者所呈现的社会认知是否也可能是另一种"符号标签"的结果?这还是他们真实的"声音"吗?对"声音"真实性的反思也是对"底层"概念的反思:何为底层的真实性?

同时,在我们的田野调查中,接受访谈的所有打工写作者均为男性,这并非由于我们的疏忽,而是文学小组成员的男女性别比本就严重失衡,这反映出底层女性在文学写作与表达上的缺失。她们同样遭遇着身份认同的焦虑,被社会现实所忽略,在城市中处于一种无根的漂游状态,她们的观察与写作理应更加细腻和清醒。但即便打工女性在城市多年的生活已经大大提高了她们的个人主体性和决策权,但在现有父权文化体系下,她们依旧需要接受她们的性别身份,在家庭承担起更多的责任,并遵循文化传统的预期,回到农村结婚、生儿育女,为家庭贡献出她们的一生。

来了又去的媒体记者,一次又一次的媒体轰炸与狂欢,并没能给打工者们的生活境遇带来真正的关注与改善。他们不会去探讨这个群体的表达所指向的真正内涵，不会去关注个体的际遇，更不会深入整个群体的苦难；他们关注的是"文学"，是"才华"，是脱离作者生活实际的文学"评价"。但事实上，文学写作只是大多数工友生活中非常小的一部分，更多的时候，他们在工作、在流汗。而媒体的热议、个体的成名，不能代表整个群体已经获得了足够的关注，这些媒体目光的聚焦与流散，只是漫长黑夜里一个个转瞬即逝的火花。

但这不会终止打工写作者的表达，正如他们自己所言："书写，非如此不可！"[1]

---

[1] 《劳动者的诗与歌：工友之家皮村文学小组作品集（2016—2017）》，未刊稿，北京，2017年，页310。

新发地水菜市场，刚刚装卸下一车新鲜的蔬菜

曾铮 / 摄

第三章

菜市场

这是新鲜的蒲公英，那是芹菜芯，那还有南瓜芯，装袋子里的是穿心莲；这一排是专门洗菠菜的，从内蒙古拉来的干菠菜最带泥，也最难用机器来水冲，只能手工来洗，洗干净了才能卖出好价钱；这一溜的小面包车里都是小萝卜，小萝卜比大萝卜更好配菜，价钱也相对高一些；这一些大货车装的都是刚从田里运过来的蒿子秆，只做批发，是一道货源，到我们手上就是二道，再到超市里就变成了三道货源；这一排店铺里都是黄豆芽，要把店铺的卷帘门拉下来遮住光，再盖上纱布，黄豆芽最不能照到太阳，否则买回家就会变成绿色。

结痂的文身

> 是不是把所有的委屈咽下去才算懂事。

在辛子的微信朋友圈，我看到了这样一句签名，很难想象，一个17岁孩子的所有委屈会是什么，她又是如何独自承受着这些委屈的？

第一次见到辛子，是在新发地农产品批发市场的水菜市场。那是刚刚下过一场暴雨的北京，再加上要不断地用水去冲洗那些刚刚从田里运过来的蔬菜，以保持菜品的新鲜光泽，水泥地面依旧残留着很多小小的水洼，混合着从大捆大捆菜叶上冲洗下的泥土，以及随处可见的各种旧塑料袋、废餐巾纸、喝过的易拉罐等，第一眼的新发地，混杂脏乱。

辛子正在帮着妈妈整理刚刚运到的一大箱小白菜，她的妈妈红芹姐已经在新发地做蔬菜批发生意超过10年。几个月前，因为追踪研究北京菜市场的缘故，我结识了在新发地小有名气的红芹姐,并专门请她做了一次电话访谈。大家相约在新发地再聚,这一等,就等了好几个月。

红芹姐热情邀请:"还是暑假里好,我的儿子、女儿都会在菜市场帮着我,到时候可以一起见,你一定要指导一下我儿子的功课,给他打打气。"

我说好,而最先见到的,却是红芹姐的女儿辛子。

辛子非常熟练地在一大筐小白菜中分拣着,并把品相好的一捆捆蔬菜放到边上一个水桶里浸一下,去掉蔬菜上的泥巴,再重新整齐地堆放在另一个大篮子里。她和我打招呼,我看到她明亮的眼睛,眼眸水波流转,说话的时候会天然带着小酒窝,神情中有几分羞怯,与热热闹闹的新发地有种说不出的隔阂感。

红芹姐开始大嗓门地介绍起来:"女儿今年17岁,不想读高中了,我想让她学个东西,她总是没有梦想,我都愁死了。我就让她来北京留在我身边,我都没敢让到她别的地方去,别的地方到处都是陷阱,她太小我也不舍得,在我身边我还可以教教她。她很长时间没在我身边,有很多缺点,我来指导好了以后嫁了婆家了,不会受那么多气。"而辛子就很安静地待在妈妈边上,等妈妈连珠炮一般介绍完毕,才和我打起招呼来。

她的普通话完全不像是一个在北方小城里长大的孩子,话语轻柔中又透着成熟和自我的想法,长长的眼睫毛随着声音在抖动，如同羽毛。

我好奇她为什么选择辍学回家。17岁正是读书的时候，如果没有高中文凭，未来找一份相对称心的工作会非常困难。如果不是到万不得已，还是要继续读书，至少要把高中读完。

我知道，红芹姐在新发地做蔬菜批发生意很艰辛，那种通宵连轴转的进菜、选菜、运菜、卖菜的工作，让她常常一天只能睡三四个小时，她一直都想可以有一个在身边帮着她的人。女儿的到来，一定会减轻她很多的负担。辛子倒是很淡然，她用手捋了一下前额的刘海，微微一笑："读书没有意思，就不想再读了。"

我这才注意到她的手腕上有一个精致的文身，是一个长着翅膀的小精灵，只是小精灵的脑袋被一个大大的结痂水泡覆盖住了，显得分外醒目。

红芹姐招呼着我们去逛一下新发地，她要向我们介绍每一个摊位和摊主们都在做什么。这是新鲜的蒲公英，那是芹菜芯，那还有南瓜芯，装袋子里的是穿心莲；这一排是专门洗菠菜的，从内蒙古拉来的干菠菜最带泥，也最难用机器来水冲，只能手工来洗，洗干净了才能卖出好价钱[1]；这一溜的

---

[1] 红芹姐告诉我们，夏天的时候，北京本地的菠菜长不出来，因为天气太热了，基本上都是从内蒙古那边拉来的菠菜，是干菠菜。把干菠菜买回来，就要一棵棵地择出来扎成一个把状，再浸水洗干净，才能变成我们到超市去买的那种扎把的小菠菜。到了天冷的时候，新发地的菠菜才是本地菠菜。

小面包车里都是小萝卜，小萝卜比大萝卜更好配菜，价钱也相对高一些；这一些大货车装的都是刚从田里运过来的蒿子秆，只做批发，是一道货源，到我们手上就是二道，再到超市里就变成了三道货源；这一排店铺里都是黄豆芽，要把店铺的卷帘门拉下来遮住光，再盖上纱布，黄豆芽最不能照到太阳，否则买回家就会变成绿色。

晚饭前，红芹姐的儿子也来了，是一个帅气的小伙子，和姐姐一样在微笑中带着腼腆。红芹姐立即拉着我和她儿子一起拍照："这可是全国最好大学的老师，快跟老师汇报一下你的学习成绩。"她很自然地一只手挽起我的胳膊，一只手挽起儿子，在镜头里露出灿烂的笑容。

聊起儿子，红芹姐眉眼里满是骄傲：目前在老家中学念初三的大小伙儿，阳光开朗、成绩优异、人缘也好，老师同学们都喜欢他。"他们班 47 个学生，就我儿子一个人没花钱去那个奥数班，人家都是花 4000 块钱。"他梦想着未来报考国防科技大学，成为一名军官，报效祖国。最近的期末考试，红芹姐为了等儿子的分数，在菜摊收工后几乎没有睡觉，一会儿醒来看看几点了，半夜 3 点分数出来，儿子考了 626 分，排在班级前列，把她高兴坏了。她现在最大的心愿就是希望儿子进入高中，然后更加努力学习。

当母亲在骄傲地夸赞弟弟的时候，辛子在一旁，依旧低着头分拣着小白菜，似乎这一切都和自己没有关系一样。

从新发地出来已经是黄昏，很多运菜的货运车在排着队离开。今天不是周末，并不是一周里最繁忙的时段。红芹姐专门在新发地边上的一个酒店里订了一个包间，点了一大桌子的菜，全家要一起请我们吃晚饭。

刚一坐下，我就赶紧去问辛子，这个文身特别好看，不知道是否有什么特别的含义。在母亲面前，辛子看着我们，咬了咬夹菜的筷子。红芹姐鼓励她："没关系，你有什么说什么。大声讲没事，这就是聊天。"

我接着红芹姐的话换了个问题问辛子："你最喜欢做什么呢？"这一个文身，也许是辛子内心深处一个敏感的不可触碰的部分，需要慢慢去打开。

辛子这一次很爽快地就开口了："对舞蹈有一点兴趣，但我妈没让我报。唱歌，我妈不让，有的时候想的。"

连着两句都带着对母亲强势姿态的埋怨和对自己所喜欢的生活的向往，对于常常在母亲身边沉默的辛子来说，算是餐桌上的一次小小的反抗。

红芹姐马上回应女儿，对我们解释起来，嗓门比刚才稍微提高了一度。红芹姐的儿子倒没有理睬他们，继续自顾自地吃起了菜，也许早已习惯姐姐和母亲在家中这样的日常互动。

> 她想学跳舞，然后这边她每天跟着我在这里（卖菜）那么累，本来我给她报一个班上跳的，我一看手机

上好多人为了跳舞都残疾了，我都不敢让她学了。这么大了，哪儿要是跳得不舒服了，你看看多吓人。现在书不读了，胳膊这绣了一个小美女，给我气的，好好的一个人干吗文这玩意。我就让她给涂掉。去医院还花了好几千元，结果擦不掉，反而破了（流脓水），你看看现在就结了痂。

她特别迷茫，她常年不在我身边，现在长大了在我身边，这么多年也没在我边上，她突然到了我边上。她不想出去，怕外面都是害她的，她都不敢走，所以她老是留在我身边。她老弟来了，我说让她学个手艺，她觉得我不爱她爱老弟。争风吃醋了，这两天不高兴。

现在我俩经常吵架，前两天我俩吵架，我说的她不服气，我教了她不听，其实我教了这些，都是想了（女儿）以后长大了，把自己身上不足的地儿能修改过来。你现在不修改回来，找个男朋友结婚了，到时候你脾气不改，你大小姐脾气，再好的幸福都会吵崩了，所以每个妈妈没有说对孩子不好的。因为我觉得这些年她没在我身边，我好多没教她，在家里边奶奶也不管这些事，我天天忙于工作，根本没时间，打电话就说了三句两句挂了，根本就说不清楚。她现在在我身边了，我就教她，教到以后你再自己出去打工，自己该干啥不该干啥，自己应该知道。

红芹姐最后略有离题地感叹道:

> 女孩子那么能干干什么,还是得结婚,还是得嫁个好人家。女人就是嫁鸡随鸡嫁狗随狗,你学得再好,到时候找个男朋友,一结婚就给你改了,不像男孩子。我们乡下孩子不是像城市的小孩,真的很现实,我老公卖菜我来跟他卖菜,我老公要开公司,我来跟他开公司,对不对?我学得再多,他也不可能让我到公司当白领去上班,跟大城市是不一样的,乡下必定是乡下人,你不能老跟网上那些心灵鸡汤说的一样,对不对?都说放下,但有几个人能放下?除非你死了你就放下,对不对?知足,谁知足,就没有人(知足),知足他是人吗?有欲望了是人,没有欲望了是啥?为什么要欲望?我想要吃好的,喝好的,我想穿好的,你啥也不干,你想躺平,这个社会你能行吗?对不对?

我相信红芹姐对女儿的爱,她在用母亲特有的方式保护着辛子,为了她上学,胃病都犯了好几回;但同时,她又如此坚持固有的一套价值观念,像套娃一样,去套住女儿的选择和命运,如同大片大片的荆棘藤蔓,紧紧地缠绕着辛子。这种价值倾向外在表现为对女儿和儿子在教育期望上的性别差异,在餐桌上,尽管红芹姐似乎也想要表现出对女儿个人意愿的充分尊重，但母女之间始终存在着很难消弭的矛盾。而内化的表现，则是重男轻女的传统观念，已根深蒂固。"女人总有一天，都是要嫁鸡随鸡嫁狗随狗，有太多文化也没有用。"

晚饭结束，与红芹姐一家告别，北京的夏夜，夜风习习，带走人们一天的疲倦。红芹姐还要继续回到新发地市场进行晚上的工作，她让两个孩子先回去休息，我们也终于有机会和辛子单独聊了起来。

> 我就是比较害羞胆子小。
>
> 我妈老是给我讲嫁鸡随鸡嫁狗随狗，自己也不是很自信。她有时候就会强迫我去做一些事情，我不去就很容易发生冲突。
>
> 她要是（怀孕时）给我打掉了可能过的生活比现在好。

和辛子聊天的时候，她常常提到"我妈不让"：文身得洗掉，我妈不让我留着文身；本来想学个跳舞班，但我妈不让，太晚了，也没什么用；中学时没什么朋友，我妈怕我谈对象……

然后在交谈中，她无意间对我们提到，在老家镇上的学校上学时有些女生处处受到欺负，这些欺负不仅包括语言上的轻佻挑衅，甚至还发生了一些肢体冲突，她害怕再去那个学校，害怕被霸凌者欺负。在她最迷茫的时间里，父母却都没在身边，她很恐惧，却没有人能保护她。所以这些事过后，她选择没有告诉老师，也没有告诉父母，一个人就做了退学的决定。

辛子辍学了，而红芹姐一直以为是她读不进去书了，所以也没太在意。然而女儿在成长中要独自面对的，可能是学校里隐藏的侵犯与霸凌。一项覆盖 1.7 万多名农村寄宿制学校学生的调查就曾显示，有 31.7% 的被调查学生表示自己每月至少有 2 次被人欺负，而 16.5% 的学生表示自己每周至少 1 次被人欺负。同时，有高达 48.2% 的被调查学生表示看到过同学被别人每月至少欺负 2 次，而看到同学被严重欺负的则 27.5%。[1] 这一惊人数字的背后，是农村留守儿童在父母缺位之下艰难的童年，那些不为人知的角落才是伤口最刺痛的地方，却被厚重的青苔覆盖。

我知道辛子一定还隐瞒了其他更为复杂、委屈的经历，那些在隐秘的青春期里不愿意与他人分享的过往，那种在

---

[1] 参见《农村寄宿制学校学生发展报告》，这份报告由北京大学中国教育财政科学研究所联合中国社会科学院人口与劳动经济研究所、首都经济贸易大学劳动经济学院共同完成。该研究于 2015 年在四川省和河北省 4 个县的农村寄宿制学校进行了调查，共调研了 137 所学校，17924 名学生，回收有效学生问卷 17676 份，回收有效率为 98.62%，此外还回收了 134 份村干部问卷，426 份班主任问卷，3004 份教师问卷。

性别深处透露出的无意识的自卑情结。我没有再去追问，也不愿意再让她去触碰伤疤。她内向、敏感，又保持着某种单纯的品性。17岁的她，正在经历的是性意识的初步成熟，是在原生家庭中的孤独，是迷茫的青春，也是有意无意的叛逆。

辛子的遭遇让我想起梁鸿在《梁庄十年》里所描绘的燕子，同样都是美丽、灵动，环绕她们的是一圈圈明亮的光环。在梁鸿的笔下，燕子一点也不回避地回忆起自己在学校的经历。因为长得秀丽好看，用她嫂子的话说，就是披个破麻袋，追的人还得排成队。所以从初中二年级开始，燕子在学校里就开始不断地被人追，从村里的混混到镇上的派出所所长，一直死缠烂打，差不多持续了两三年。特别是那位派出所所长，有一次还专门让班里的老师把燕子叫到派出所，关起门来对她说，我和我老婆关系不好，肯定会离婚，你一定等着我。在不断的被纠缠之下，燕子感觉自己无论跑到哪儿都逃不出如来佛的手心，索性抱着书回家，说什么也不上学了。16岁一到，她就偷偷溜出家门，坐着火车跑到了北京打工，却还是免不了被村里人说闲话，说她和别人一起私奔了。在北京干了几个月的活之后，她又回到了村里，为了赌一口气证明自己不是名声不好，于是早早结婚嫁人。一位朋友知道她不上学嫁人后，专门写了一封信给她，信里说："你那么聪明，你应该上学，不上学就丧德。"一想起来这封信，燕子就想喝酒，想喝醉。[1]

燕子的故事发生在20世纪80年代末，已经过去了30多年。17岁的辛子辍学的原因和燕子不太相同，却依旧在重复着早早辍学出来打工的人生轨迹。教育可以改变一个人的社会经济地位。伴随着农村经济的快速发展，农村居民对子女教育的投入也越来越多，但教育投入的性别偏好仍然广泛存在；特别是当有两个或更多子女同时在接受教育的时候，农村家庭依然会将更多的教育资源倾斜到男孩身上，也对男孩抱有更大的期待，从而导致了农村地区教育获得的性别不平等。

当得知辛子辍学的时候，我的第一反应是无论如何她得重返校园，教育或许是她改变命运的机会。但现实世界并没有想象中那么容易。她在校园里经历的那些成长阴影，她需要花多长时间才能走出呢？而一旦返回校园，她是否可能再次遭遇霸凌？辛子和父母的关系没那么亲密，而且常年分隔两地，谁又能来倾听她成长的烦恼和痛苦、好好保护她呢？

---

1 从《中国在梁庄》到《出梁庄记》，梁鸿以自己的故乡梁庄为线索，描绘了一个小镇与不断变化的世界，以及小镇上的人们真实的生活场景和他们面对的现实困境。有关梁庄中燕子的经历自述，以及更多农村女性如同芝麻粒儿大的命运，参见梁鸿，《梁庄十年》，上海三联书店，2021年，页40—112。

我不懂究竟温柔懂事到什么程度才能配得上您的那份爱意。

辛子在微信朋友圈里敲下了这样一句话，她设置了好友三天可见，很快，这一句话也会看不见，好像留下了一个被掏空的树洞，又仿佛什么也没有发生过。

谁是红芹姐

根据《北京市丰台区地名志》记载，新发地最早并不是卖菜的集散地，而是一大片坟地，因此住在这里的居民也多为看坟户。1958年，该地区被辟为农田，农户在此地慢慢聚集，形成了新的空间。20世纪80年代，因为新发地有连通北京和华北平原的天然交通优势，南来北往的人流很多，很多农户在村口的路边摆摊售卖蔬菜瓜果，逐渐形成了一个天然的街头马路市场。伴随着这个街头市场的名气越来越大，1988年，在丰台区政府的支持下，正式成立了新发地农副产品批发中心，在周边形成了以市场为中心的农产品经济圈，并一直发展扩大。今天，新发地承担了北京市八九成的农产品供应，成为华北地区最为重要的蔬菜批发市场之一。

夏日的北京午后，暴雨之后，在强烈太阳光的照射下，水泥地上的积水不断蒸发，气温升高更快，显得比平时更加炎热。

仿佛出于某种奇妙的默契，前一秒还在沉睡的市场，忽然开始苏醒。不知从何处涌出的一辆辆漆红色的货运小车穿行其中，兜售新鲜采摘的蔬菜。被相中的蔬菜，会有人再专门清洗、称重，经过精心挑选，留下大约四分之三的精品，并送到买家手中。整个过程有条不紊，不带半分迟疑。

红芹姐的登场是由一条条带着北方口音的微信语音作为铺垫的："马上就到！"过了大约15分钟，红芹姐骑着电动车，带着几个取回来的快递，紧赶慢赶到了摊位前："不好意思，让你们在大热天里，等了那么久。"

她的声音有些沙哑，脸上带着热情的笑容，能看出是刻意打扮过的，和平日里劳作时的形象有着鲜明的区别。她画着淡妆，戴着两只硕大的金色圆形耳环，衬托得她瘦削的脸颊看着好像饱满了一些。她穿了一件鲜亮的宝蓝色短袖上衣，黑色高腰短裤，脚下穿着一双黑色运动鞋，露出了白色袜子的边，身上挎着一个黑色小方包，打扮得让整个人显得非常清爽、利落。

新发地市场里的颜色搭配也同样鲜活。红芹姐所在的区域卖水菜，各色的绿在摊位和小货车上舒展开。小货车则是五颜六色的，市场统一管理的亮绿色三轮车没能占领所有商户。各个摊位上的人忙着交易或洗菜，多数都穿着各种颜色的T恤衫，水粉色、草绿色、浅紫色，然后挎着装零钱的深色小包。旁边的摊位经营者穿了件连衣裙，来来回回地整理着新上的菜。

红芹姐先是站着和我们聊了会儿天，然后想起屋里还有椅子，马上风风火火地搬了几张出来，中途又叫来卖水和饮料的小贩，一口气买了好几瓶矿泉水和饮料。

红芹姐来自河南信阳，小名带着"红"，寓意着红红火火的人生。她初中没有读完就出来打工，最早在批发市场做搬运工，1000斤大白菜从大车卸到磅上再装到三轮车上，然后拉到客户车上，这样一套流程走下来能挣到10元钱，而每天要搬运好几万斤。甚至在孕期里红芹姐也一直在坚持装货卸货，几乎忘记了自己是个女人，一直干到孩子临盆前才休息。孩子刚满月，她又继续出来做重体力搬运工，结果落下了腰疼的毛病，至今已成顽疾。由于不满足自己年纪轻轻一直给别人当搬运工，于是她来到北京新发地开始做蔬菜批发，这一干就是十多年。

红芹姐性格爽朗外向，每问一个问题，她都可以不间断地一直讲下去，热闹而自信，有好几次聊得离题了，我也不忍心打断她讲述的兴致。她解释说，她只是语速快，听起来有点冲，但不是在发脾气。她和我仔细介绍了自己每天怎么做买卖，还有和市场管理方、其他摊位怎么相处，其中包括卖菜期间遭遇的种种困难；这么多年高强度的体力劳作，在她身上落下了不少病痛，和所有"北漂"一样，她对子女有着愧疚心理，但也充满无奈："不赚钱拿什么养家呢？"

对于菜贩们来说，睡眠是最稀缺的。无论是蒿子秆、小白菜，还是香芹、油麦菜，叶菜的不易储存决定了摊位的忙碌，他们的睡眠时间常常被切割成几块，上午、下午、深夜、凌晨，几乎都是守着摊位买进卖出的时机。红芹姐也不例外，她的日常工作开始于每天凌晨1点多。[1] 从附近的出租屋中爬起来，骑着电动车，先来到摊位上装货送货，直到上午9点半，差不多可以出完四五千斤的菜。回家补1个多小时的觉，吃过午饭后，又从下午3点开始收购农民菜贩手中的蔬菜，进行补菜备货，还要和前来询价采购的客户保持沟通，协助装车运输，以保证能最大程度上满足客户的要求。下午会一直做到晚上8、9点，有的时候甚至更晚。"什么时候干完活什么时候回家。白天就睡1个小时，夜里睡3个半小时，一天睡5个小时最多了。"

除了辛劳之外，卖菜想赚到钱，还需要用些巧劲儿。按红芹姐的话说，这个生意中最核心的，就在于对每日浮动的蔬菜供需得有精准把握：

---

[1] 据红芹姐说，以前她都是清晨3点半来卖菜，但现在凌晨1点半过来摊位，客户都觉得晚了。前来批发的超市、小贩们都想早一点把一天的菜提前准备好，摆好台面，等待8点开门营业的第一批消费者。

我每天在茫茫大海中，人就像捡钱一样。有些菜赶到时间了，上得又好又便宜又挣钱，赶不上点的话，上得又破又贵还瞎。十多年了。什么菜俏，什么菜不好卖，什么菜少，什么菜明天可能要涨，今天晚上可能砸手，但是明天早上缺，这都靠头脑在分析这个菜的趋势。

每年夏天最容易烂的就是蒿子秆，每天我最操心、最难上的、最难搞的就是蒿子秆，因为它里面还有"夹芯"（包芯），外面就一层，里面都是包的细毛毛，细毛毛根本经不住这30度的高温。"夹芯"就容易烂，放筐里边烂了，根本没法儿卖，而且有的老农为了钱他把烂的全夹里边，你看的时候都是好的，第二天全部都烂。

所以蒿子秆是最不靠谱的，今天5毛，明天就2块。它是"鬼菜"，没有行情。今天多了卖不掉，5毛钱一斤，明天也许没有了，2块5一斤，后天也许就4块，价格每天就像炒股票一样起伏，差太大了。

在不透明的采购环境下，能提前预判不久后某种蔬菜的短缺，就意味着可以先用比较低的价格买入，等全市场供不应求的时候，再以比较高的价格卖出，才能赚取超额利润。而这一切，凭的是她个人多年的经验和观察，因为在新发地，人人都是竞争对手。红芹姐告诉我，曾经她的三轮车放在市场里，不一会儿就被人推走，也有人专门去客户面前造谣生事。许多人吃不了卖菜的苦，来了不久，就又陆续离开了。但红芹姐却硬是凭着一股子不服输的劲儿，在新发地长久待了下去。

不服输的劲儿会支撑着人走下去，但疲惫与病痛也会一直伴随。红芹姐经历过和身体有关的好几次大病，其中一次是子宫腺肌症："每次生理期的时候肚子都疼，疼得让你想死的心都有，就达到生小孩那种、十级以上的那种疼。"疼痛的体验其实有着不可言说性，哲学家维特根斯坦就曾说过，只有我知道我是否真的疼，别人只是推测。然而在红芹姐看来，这种疾病最要命的，不是对生命有威胁，而是切除子宫的手术方案是对"女性身份""完整的女人"的毁灭。作为女人的红芹姐，"死不认输"，要把主动权掌握在自己手里，于是每天睡觉前都在网上一遍一遍搜索，想要找到不切除子宫就能解决问题的医院和主治大夫，她没意识到这种搜索可能带来的风险。但这种近乎大海捞针的努力竟然真的发挥了作用，她说自己找到了能够做到"保子宫"治疗的医生，顺利地治好了病，做完手术后3个月就又回到了市场。另一次是腰椎的问题，她靠在躺椅上讲了自己腰痛发作时的痛苦经历，每天晚上整个后背都会疼，吃着芬必得止痛片强行再上菜干活。一直没有能够痊愈的腰疾在她身上体现得相当充分，每一次弯腰的时候，她都会叉腰扶一下，比较缓慢地直立起来。她也会笑着抱怨，长年累月的睡眠不足也让自己显得不再年轻。

红芹姐信命，在新发地附近的出租屋里，她专门有个房间供奉了一尊财神和一尊观音菩萨。她告诉我，算命的讲，她是华盖命，就是帝王头上的那顶罩子，虽然华美，却终究是为别人遮风挡雨的命。

的确，在红芹姐面对诸多人生坎坷的时候，她都是靠着个人的努力去克服的：当年刚到新发地，明明租了摊位，却被抱团的小贩欺负，是靠着自己不好欺负的强硬性格挺过去的；两次怀孕生育，都是在小诊所生孩子，到了点就去生，打个催胎针，没多久就生完了，甚至到临产前一个月都一直在市场里拉大料干粗活。

她在讲述时，不太把这些克服生活的困境直接归结为自己的勤劳与坚强，而是绕了个弯子，将之表述为"命运"。在红芹姐看来，所有经历的病痛、不堪和危险，都是命运的一部分，"算命的"这个角色不时会出现在她的故事里。她说自己的命数是"烂命一条"，命里多坎坷，算命的说她除了是华盖命，还是"绝日命、地亡命"，对不好的事会有预感，总能逢凶化吉，乃至修炼以后可以通灵。谈起命数，这些算命的说法既玄乎又带了点真实。按红芹姐所说，这逢凶化吉似也有例证，除了上述病痛之外，还有她在广东打工时，每个月只能赚到800元，有一次花了370元做了胃镜，那几乎是她半个月的工钱，结果检测到了幽门杆菌感染，及时到医院治疗,这才避免了情况恶化。她不太愿意说自己相信算命,但又说卦象灵验。几年前,遇到一个"算命的"非得要给她儿子算一卦,说是孩子16岁会不想上学。今年儿子到了16岁,竟然真的有段时间产生了厌学情绪,她试探问了几句,儿子也承认了:是因为红芹姐春节假期的时候没有回老家,答应儿子"五一"假期一定回去,结果"五一"假期又没回去,又说好端午节视频通话,端午节的时候因为生意太忙再一次没有实现。孩子难免想念父母,觉得妈妈眼里只有钱,根本就没有自己,那上学有什么用,所以才产生了抵触厌学的想法。[1] 经过这一次,红芹姐更加笃信命运,试图用算命的判词来为自己的人生找一种概括方式:纵然有诸多磨难,也会指向逢凶化吉的结果。

也正是在这层意义上,她对自身苦痛的讲述常常集中于要把痛苦归咎于命数,对于坎坷,她也没有充满情绪的控诉,而是化解为靠自己的努力来扭转人生之路的走向,从而逢凶

---

[1] 红芹姐表示,夏天的时候已经回家陪儿子一个多月了,所以过年就没有回去,而是留在了新发地继续卖菜:"过年客要的菜又多,我这失散的客户(因为疫情)好不容易都找回来了,怕生意下降,没敢回家。周围的6个棚,他们都回家了,把客户都给我了。我一天一夜都只睡了2小时,过年那天我卖到晚上10点,上了一万三四千斤菜都卖完了。"到了"五一"节,"'五一'的时候我们两班倒,生意特别好,来了好多客户。有的撵都撵不走,我脾气不好,着急就骂人家,人家还是不走。'五一'没回去,春节没回去,然后我答应他,我说'五一'没回去,端午节那一天我跟他视频。(端午节那天)他回家了,端午节的时候我又没回去。最后我后悔死了。"

第三章 菜市场 | 113

化吉。这背后，是她对命运的不服输。

红芹姐的倾诉偏重细节，肢体语言丰富，时不时和我进行眼神的交流，仿佛在寻求认可。但实际上她不太把话语权交给别人，只是用疾风骤雨般的语速，把她的人生经历给交代了，不藏着也不掖着。

我的老家在河南信阳的村里，16岁初中没有读完就出来跑到广东打工了。出去打工的时候没有文化，我现在体会到没有文化是真可怕。那时候打工看人家都有男朋友，我自己没男朋友，也就是好奇心谈个男朋友，有了男朋友，感觉自己很牛似的，然后找了我老公。找了老公我感觉结婚就结婚，就跟他在一起一个月就怀孕了，然后就结婚了。当时我才18岁。

那时候没考虑那么多，女孩子都有点傻。人家拜金，我也不拜金。不是吹牛，在我18岁的时候也是最漂亮最年轻最好看的时候，那时候长得真的非常的漂亮，当时很多人都喜欢我，很多人追我。我爸我妈在杭州打工，人家房地产老板让我嫁给他儿子，给我买房买车，我觉得太远了，我妈生我一个，我不喜欢远嫁，所以我也没有去。

我和老公等于闪婚，老公家里穷得要死。那时候根本就没考虑过自家穷，再找个男朋友这么穷，你想想这日子怎么过？当时他穷得眼睛都爆出来，腮帮两边都塌下去，嘴都是尖的，只有116斤。我嫁给他的时候也是116斤，他也116斤，你说一个男人只有110多斤，这人得长成什么样？干得要命瘦得很，我的裤子他都能穿上。所以我跟他在一块的时候真是天地之别。

我说我爱他我也不爱他。那为什么要嫁给他？因为我谈了一个男朋友，我爸我妈不同意，我就赌气嫁给了我老公。说句实话真的根本就没有什么爱情，我根本看不到爱情。我们是婚后才谈恋爱，3个月就闪婚，你说哪有什么爱情。

刚结婚一年生了个女儿，女儿10个月的时候又怀了儿子，怀我儿子的时候，我也不愿意谋害人命，生吧，于是生了我儿。

怀儿子的时候，我和老公我们俩都在工地，我老公当大工负责垒墙，我爸也在工地带班，我天天带女儿，再做饭给我爸他们吃，当时挣钱最快最方便也最自由的地方就是工地。把女儿带到10个月，就把她送回了老家，我也就跟着我老公下了工地，他当大工我当小工，专门提灰桶、拉砖头。那时候大工工钱是一天50元，小工一天25、30元，我们一天就可以挣80元。

那个时候我老公说，在工地上每个大工都从小工做起，做完大工做领班，做完领班做老板，老板之后再包工地，有一天，我们也可以做到包工地。但我们选择没干放弃了，包工地你需要本金嘛，那时候手头的钱特别紧张。结婚才一年我老公又出车祸重伤撞断了腿，我们县城的医院都不收他，直接说你拉走，我们接收不了，他的腿得锯掉。辛亏有高人指点到了洛阳白马寺骨科医院，我们河南的高手把这边一个骨头去掉，嵌在里边，才治好。现在腿只能弯到90度，还天天要给他弯腿。腿被撞断了结果一毛钱没赔，自己贴进去了10多万，在10多年前10多万可值钱。对于一个农村来的哪有那么多钱，我们借了不少外债，然后我们就放弃了包工地。

不在工地上干了，我又到酒店当服务员。那种超高级的酒店，一个房间一个服务员，一个月三四千块钱。干了半年还没干完，脾气爆，客户让喝酒不喝酒，啪叽就把高脚杯给摔了，一个月赔杯子、盘子都赔几百块钱，我气得就辞职不干了。我老公也不让我干，天天早出晚归的，夜里总是一个人回家。

当时怀着我儿子，又跟着我爸我叔从广东跑到了常州凌家塘农副产品批发市场。在那地方，我就干拉料卸货，拉1000斤菜赚10块钱。要先从大车上卸到地面上，放到磅上面称一下分量，再搬到三轮车上面码好，最后再从三轮车上搬到大车上码好。我每天穿个大罩衣，大白菜80斤一包，我就这样拉3包到车上，每一层码5包，码3层高，一共15包大白菜1200斤，我一个人做。所以在凌家塘，好多人都认识我，人家都知道我干活厉害，三四十斤直接放车上，像放气球一样，那时候肌肉都练出来了，我一个女人比人家男人肌肉都多。

可以说这个时候我对自己是最狠，对别人任何人都不狠，对自己要求最严格。因为别的女人怀孕了，她都会想到我不干了，我是宝贝，但是我怀孕我从来没想到我是个女人我怀孕了。我从怀着儿子那一天起一直干到生产前一个月，下大雨的时候，我照样还在跟我老公说，再去拉200块钱的料，再去拉点，和大家一样淋雨湿透。挣200块钱回来了，我说再去挣200块钱，我老公就说算了不挣了，你的身体不行。那时候真的很累，我就犯了腰疼病。

我们到凌家塘的时候还欠着外债，一边欠外债一边还钱，余点钱吃点、喝点、穿点、用点。我老公爱买彩票，他老把钱往外花，还赌博。那时候赌博多了，为了不让他去赌，我把他衣服口袋都扯掉了，我不给他钱，他还是去赌，活都不干了就赌。

我就跟我老公打架，我老公脾气爆，他也是因为家庭因素导致他的脾气暴躁，他爸妈不和，经常打架，他是看在眼里记在心里，其实他的学习非常地优秀，三年级直接跳到五年级，考试都是100分。他是因为他妈出去打工去了，13岁的时候离开母爱才导致了退学，出来混社会。

所以本来他就是个状元的，他自己没继续学下去。所以到我儿子这一代了，在我心目中我觉得穷不过三代，我公公的哥哥为什么一直没结婚，因为是个傻子，所以他没结婚。我们家傻子也出了，穷也穷了，应该出一个状元了。

就这样一直干到离生产还有一个月的时候我就回家了，去了啥医院你知道吗？去了只是一个小诊所。你说我这个人对我的生命根本就是置之度外，我生我大闺女的时候也是去了诊所。第一胎我去诊所，从怀孕去做个B超，然后到点了去生，打个催胎针，小孩生掉了。从晚上8点肚子疼，12点半生完了。我儿子更快，去了以后，我说我肚子疼，诊所的医生说看你肚子那么小，你还快生了，都没有肚子疼的样，我说我真的快生了好像到月了。我就在石头凳子上坐着，催胎针一打，输液挂水10分钟不到，我公公和婆婆都还没把小孩衣服拿来，小孩就掉下来了。

所以你说我这辈子把我自己当女人了吗？我都没把我自己当成女人，我根本就没把我自己的生命当成自己的生命，我对自己真是狠。

生完儿子后我们就从凌家塘来到北京。我把运货的一个电瓶车卖了3000块钱，床、电脑啥东西都卖了，一共卖了7000多块钱。我把其中的5000元存到卡上，给了我叔，我叔还在村里，我说小孩上学家里用。然后随身携带了2000块钱来到了北京。买车票花了500块，400块租了房子，600块租了新发地的摊位，再买个过菜的磅160元，就没钱了。头一天干，上了400多斤菜心，挣了100多块钱。

刚到北京的时候，住在我老公的舅舅家，我舅妈不舍得买肉，那时候肉才5块钱一斤。然后我感觉我来了七八天了，我就想吃肉，我跟我老公说我想吃肉。我老公说想吃肉先坚持坚持，等到过几天我们租的房子可以住了，第一件事就是买肉吃。

我又熬了几天，还是没吃到肉，很累，又天天卖菜，夜里1点多就爬起来卖菜。然后我老公说你回家，去收拾东西，我就回到了老家。到家后第一件事，我跟我叔说，叔叔我想吃肉，我叔听了我吃不到肉，赶紧给我煮了两碗排骨，炸了六七个鸡腿，走的时候又带了三四个鸡腿，你说我一个人多牛。

我再从老家回到北京，一个人扛了4大包东西，锅碗瓢勺全部都带来了。那时候我什么都不舍得扔，筷子、碗、盆、瓢，只要是用的东西，能用的东西，我都带了。2个大蛇皮袋装的都是这些东西，还扛了1个装衣服的背包袋，还有1个化肥袋子，装的是被子。我肩上扛2个，身上背1个，再后面拖1个，坐火车到北京，跟我一起坐的那人看我都看不下去了，说一个女人原来这么有劲。要下的时候，人家看我真可怜，就一直帮我送到出站口。我老公说你看你到北京来，你就充作一个要饭的，碗都给带来了。

我不喜欢北京，不想干。我一瞅这冬天来了冻死我了，脚也冻、腿也冻，浑身都冷，摆摊的时候寒风刺骨。刚过完年我不想干，就要跑。我老公说省心点，大小是个生意，打工再好永远是打工，咱做生意有大有小，有可能发财，有可能，对吧？你打工永远是打工，永远只能解决温饱，你想吗？就一直做到了现在。

卖菜并不是说每个人都能卖菜的，（得有）语言能力和客户沟通谈价钱。卖菜就是做生意，让你学会很多东西，让你不要贪心不足。上多少菜就卖多少，适可而止、量力而行。今天没卖完，如果我加点冰明天（卖）给客户，客户买的是烂了的菜，还得麻烦。与其这样的话，还不如倒了。我这人比较实在，别人卖3块5的情况下，我都卖3块，别人卖5块时候我卖4块5，人家挣1块，我挣5毛。所以这个菜有的人愿意卖贵，有的愿意卖便宜，我愿意卖我老客户，所以我就愿意便宜卖。每天不管咋样，我挣我的5毛钱，去袋子、去泥巴，我只挣3毛钱。

也不说自己多好，干这个生意都是自己凭自己良心，既然别人把信任给你了，你也不能白拿着别人的信任，拿着别人的钱。征服每个客户都很不容易，他都得考验你好久，他考验你的质量，考验你的价格，考验你的人品，还考验你送菜的态度和你说话的语气。

我现在虽然说没有什么钱，但是我觉得我需要过好的生活、（有）品质的生活，我不想过那种低级的生活。你想过好生活就得有压力，没有压力的话，你的人生就是很平淡，就像开水一样寡淡无味，付出就必须有回报，所以卖菜虽然说累，说苦，但是卖菜能给我带来财富，能给我带来我想要的生活。如果说我给别人打工或者干点别的挣不了钱，我的生活什么都下降。如果说我没有钱了，我去买一双百丽的鞋，花个七八百块钱我舍得吗？但是你要是做生意的话，你感觉你能，有苦才有甜，是不是？你愿意付出你就能得到，你不愿意付出你还要得到，那是不可能的事，除非你有好命，是不是？我们没有背景，只能靠自己的双手打拼天下，在北京新发地并不是说每个人都能待得住的，养活一家人生存真的很难，谁要但凡有一点能力，谁在这天天熬夜，是不是？

我想待到孩子考上大学。儿子考上大学了，我心里也就放下了，就这样简单。能干就干，最多再干5年。我不想干这个了，我要干点轻松的；不想熬夜了，老熬夜身体免疫下降，衰老得快。你说多少是多？我想干点轻松的工作，不要干这熬夜的活了，多少一年能挣上8万、10万块钱就行，不要那么大富大贵。

如果我离开北京了，我第一去武汉。因为在一线（城市）实在是很累，最想去的地方就是武汉，因为武汉离我家近，两小时都到了，武汉景真的很美，水也美。它有大城市的特质，但是没有大城市压力这么大。

听完红芹姐痛快的讲述，我的脑海中浮现出很多画面：16岁是村上最漂亮的姑娘，有诸多的追求者；与父母赌气，相识3个月就和穷困潦倒的丈夫闪婚；背着债务、怀着第二个孩子，以对自己最强悍的方式拉大料赚钱；初来北京的饥饿感与终于吃了顿肉的满足情绪，至今仍溢于言表；独自把行李带到北京，连碗都收进了蛇皮袋里；以及对于辛劳打拼的坚守，对于美好生活的渴望与追求。

可以说，如今相对稳定的经济状况全部是红芹姐靠着自己的劳动才获得的。但她仍然视自己的女性身份为轻，不自觉地把婚姻视作通往幸福生活的途径。即使在婚姻中，无论是在经济上还是情感上，红芹姐并没有获得丈夫家庭的资源和太多额外的支持，更是一度因丈夫背上了高额的外债。在她的叙述中，提到了好多次"我老公"，但很多关键时刻，她的丈夫在哪里呢？独自拎着大包坐火车时、被诊断出子宫肌瘤每天睡前用手机搜索医疗方法时、做完手术时、和隔壁摊位斗气时……红芹姐讲到早年经历时，还稍稍提到过丈夫原来有赌博的毛病，也说双方脾气都暴躁，很容易吵架，但上述芥蒂，都在相处过程中被淡化了。这种支持的缺乏也体现在红芹姐的生育经历中，她都没有想过去大医院寻求帮助，而是在小诊所生了孩子，"给他们家省了多少钱"。

在红芹姐身上，我们看到农村女性深层内化的性别角色，即便她们常年在大城市里生活，逐渐习惯了大城市的生活节奏和价值体系，也依旧无法摆脱父权体系下传统的家庭分工：每一位"好女人"，都要成为"好妻子""好妈妈""好儿媳"，不断地去维护，乃至补偿男性在公共视野下所代表的一家之主的正面形象，而女性的压力与脆弱，甚至遭遇的痛苦，则内隐为照料家庭的份内责任和伦理道德上的坚韧品行。

虽然新发地对于红芹姐一家，已经是比家还熟悉的地方，但每一个来到新发地的人，从来的那天起，其实都明白一个道理：他们并不属于这里。他们的每一次漂泊与流动，充满了离乡与返乡、离土与守土的多向流变，但他们难以抵达那个他们企盼多年的终点。这些年的劳作，给红芹姐的身体落下了大大小小各种毛病，可精神上，她知道自己不能垮，为了家，为了两个尚未成年的孩子，她依旧需要坚持每天起早贪黑地挣钱。只有对自己足够狠，才能过上想要的生活。

好在如今的红芹姐觉得，这条苦路终于快要熬到尽头。

镜头里的摆摊人

爱自我调侃的红芹姐，还经常在"快手"平台拍摄一些自己日常生活和卖菜的短视频，也因此在新发地水菜场的知名度很高。红芹姐说自己会通过这些短视频平台学习知识，也喜欢把自己的生活分享到短视频中，并将之表述为"每个视频都有存在的意义"——这意义可能在于某种倾诉与交流，使生命体验跨越出了忙碌的摊位，迈向了热闹的网络世界。

偏爱通过镜头在网络世界当中展现自己人生故事的，还有更多的普通摆摊人。而"快手"这样的短视频平台，就成了他们寻找心灵慰藉，渴望被看见、被听见的一个小小的窗口，不仅去远看别人的人生，也想让更多的人看到自己的人生。

米歇尔·福柯（Michel Foucault）在《无名者的生活》一文中曾经揭示了一种与英雄史诗相对的，书写籍籍无名的小人物历史故事的可能性："无数苦难，重重艰辛，却凝聚在片语只言中。短促的生活，只是出于偶然才有机会留在书本或文献中。他们也是榜样，但与那些在生平业绩被阅读时会光芒熠熠的圣贤相反，他们与其说提供了有待深思的教训，不如说是一些短促的效果，这些效果的力量转瞬即逝。'故事（nouvelle）'这个词最适合用来称呼这些文本，体现它们涉及的双方面的特征：叙述一闪而过，事件却确有其事。"[1] 丹麦作家伊萨克·迪内森（Isak Dinesen）也曾说过："所有的悲伤都可以忍受，如果你把它们放在故事里，或是诉说一个关于它们的故事（All sorrows can be borne if you put them into a story or tell a story about them）。"[2]

通过这些短视频，我们看到了更多小菜贩的故事——无数苦难，重重艰辛，都凝聚在一个个镜头之中：摆摊、装车、卸货、分拣、与亲朋聚餐、晒娃，等等。这些记录看似日常琐碎，但却从小小的屏幕中真切地展现着他们身上直白曝露的烟火气，用红芹姐的话说："有的人是拍自己漂亮，有的人是拍了发现自己内心的情感，有的人是想卖货。生活就是酸甜苦辣咸，其实每个人都一样。"

田间地头，摘累了豆角，操起话筒，就能来上一首歌。这是"东北大脸爽姐"。

圆脸、高马尾，视频开场要么热情洋溢地介绍"哈喽，

---

[1] 米歇尔·福柯，1996，《无名者的生活》，李猛译，《社会理论论坛》，第6期。
[2] Mohn, Bent. 1957. "Talk with Isak Dinesen." *The New York Times* (Book Review), 3 November 1957. 汉娜·阿伦特（Hannah Arendt）在《人的境况》（*The Human Condition*）一书中，也曾专门转引过迪内森的这一句话，参见 Arendt, Hannah. 1958. *The Human Condition*. Chicago, IL: The University of Chicago Press, p. 173.

老铁们,爽爽又来了",要么直接随着音乐亮嗓,这是爽姐带给我的最初印象。"今天老板不在","遇见超市就想唱歌","送完最后一家货"……似乎没有什么事情不可以成为爽姐高歌一曲的理由。公园里、乡间小路边、拖拉机,甚至屋顶上,都是爽姐施展才艺的舞台。画面里的她,永远一副乐呵呵的模样,只字未言北漂谋生的艰辛。"就是爱好唱歌,唱歌让人忘记烦恼",爽姐在简介里写道:"女人就应该活得漂亮。"

活得漂亮的爽姐,连同她充满活力的歌声一同经由短视频的传播,最终呈现在观看者眼前,引起了无数打工人的情感共鸣。透过屏幕,时间、地域有隔的人们寻觅到"世间的另一个我",用被贴上土味标签的"老铁""双击""666"等回帖来表达一种支持。用视频来记录,也逐渐在土味中慢慢沉淀出自身的意义。这个意义,便是"真实"。

还有"90 后"山西人"小宝哥",他在新发地市场做热带水果批发的生意,主要经营榴莲、菠萝蜜和山竹,在"快手"拥有大量的粉丝。而同样在新发地经营苹果批发买卖的"新发地水果兴哥"和经营西红柿批发的"卖西红柿的渣男",粉丝数量则相对较少。

小宝哥自 2018 年起创作了多达 960 多个作品,每个视频都能一边看到他细致地解说,一边看到他用粗砺的双手掰开各式水果、开箱验货的场景,其中拍摄最多的当属榴莲。又或许是担心客户不放心自家水果的质量,小宝哥通常会猛地吃下一大口,向屏幕前的观众展示果肉的香甜。这种真实的互动交流,没有专业团队的营销包装,也不像其他"快手"视频发布者那种只是一扫而过的简单介绍,就引得大家纷纷在评论区留言"多少钱一斤""怎么买""在哪里买",甚至还有人特地跑到新发地市场去买小宝哥的榴莲。偶然起了兴致,小宝哥会拉上员工和同行,给大家来一个自导自演的段子;抑或用饼卷榴莲肉、用榴莲肉拌米饭,以自创的豪迈"新吃法",供大伙乐呵。

"如果不想被别人否定就要自己加倍努力。"两年前,小宝哥将这句话作为视频标题,拍摄了一段40秒钟的自己装卸运货车的影像。干这行的,经常是"大多数人还在睡梦当中,我们的一天已经开始了",凌晨三四点正值进货验货的好时机,如果错过好货源,进的货卖不出去,就得折本赔钱;即便腊月三十,他也只能对着手机摄像头诉说自己想回家的心愿,但因为担心老顾客催货,他又不得不留在新发地市场里过年。

现在,短视频平台已经成为小宝哥宣传自己榴莲批发生意的一个重要途径。在和小宝哥的访谈中,他直言,短视频改变了他的生活,开始只是觉得好玩,什么水果都会拍一些,后来变成只拍和榴莲有关的视频。现在每天要花两到三小时拍摄视频,这些视频作为中间环节,将上游供应商与下游消费者联系在一起,形成了一条完整的宣传链,吸引了更多的客户慕名而来购买榴莲。也许未来某一天，他也会在这些平台上直播带货。

相较小宝哥将短视频内容集中于工作领域的做法，女性视频创作者们显然更加倾向在镜头前分享自己的生活状态，展现自己的美。

比如"新发地水果姐"，她也从事水果批发的行当。在她发布的1000多个视频里，对自己的拍摄占据了很大一部分比重，再加上风格多样的美颜特效和背景音乐，极抓人眼球，其次才是对水果行情和日常饮食的分享。"芳姐"亦是如此，她几乎将自己所有的喜怒哀乐都展露在了短视频平台：给孩子过生日、与闺蜜嬉笑聊天、拆开买的新包、在新发地卖西葫芦、感慨做了美甲却也"不像女人"的双手。这才让我们意识到，对美的追求，何尝不是她们应对现实生活的一种积极态度？"北漂"已经10年的"80后""叶菜女王"，每天不管风吹雨打，凌晨2点准时起床批发水菜，希望在北京新发地闯出属于自己的一片天地，为此她也付出了最美好的青春时光。虽然也曾后悔过、埋怨过、不甘心过，但"叶菜女王"现在十分满足，她调侃道："假如生活欺骗了你，不要悲伤，不要难过，首先打开美颜手机和唱自己喜欢的歌，哈哈，这样才无敌。"

在这些平台上，类似的用短视频进行生活记录的菜贩还有很多很多，他们极其平凡，走入人群中可能再也无法找到踪迹；他们也极不普通，用简短的影像构建出真实而鲜活的个体，以独特的内部视角展示出这些都市无名者的具体生存和劳作模式。这些短视频中的家长里短、茶米油盐，就是菜贩们所能够记录、所渴望被看见的真实生活。

消失的菜市场

关于菜市场的研究，我自己也曾经和清华大学建筑学院的老师一起合作，对北京太阳宫农贸市场的零售菜贩进行过一个长时段的追踪调查。

太阳宫农贸市场位于北京市朝阳区东北三、四环之间，地处太阳宫中路与太阳宫南街交汇处，紧邻地铁10号线"太阳宫站"和公交车"夏家园站"，这里商户超过1000户，曾是北京市东北三、四环之间规模最大的农贸市场，服务半径覆盖太阳宫、望京、芍药居等地区。2013年10月16日，由于租用十字口村的用地被收回，太阳宫市场被迫拆除，市场中自雇经营的菜贩的生活轨迹和社会整合也因此被打乱。近年来和太阳宫市场有着类似经历的案例屡见不鲜，如2014年底相继关闭的西城区四环市场和海淀区西苑早市等。而根据北京市统计局的数据，2014年全年拆除并疏解商品交易市场100家，2015年继续拆除并疏解57家，涉及营业面积94.8万平方米，出租摊位减少了2.1万个。

为什么以太阳宫市场为代表的农贸市场会在这一时间段相继被拆除呢？这里有一个特大城市治理和发展的两难问题。伴随着我国特大城市的快速发展，交通堵塞、环境恶化、房价高企等"城市病"日益凸显，严格控制人口规模成为特大城市治理的一项核心议题。近年来，北京、上海和广州等地纷纷采取行政控制、产业置换和空间疏导等举措，以控制人口的过度增长。以北京市为例，根据政府的城市规划政策，北京要建设成为一个世界级城市群，因此"城市人口增长减缓意味着交通状况改善、住房及公共服务部门压力减轻以及城市规模及资源使用量的减小，这是实现可持续发展的基本要求"[1]。

诚然，菜市场是流动人口聚集空间中最脆弱、隐患最大的场所，因此也成为产业疏解的主要对象。近年来，许多城市的农贸市场因规模小、技术水平低、安全隐患突出、卫生环境不佳而被大型超市所取代。但农贸市场也是外来流动人口、低技能人口在城市中谋生的重要功能性场所，同时也为本地居民提供了基本服务设施与城市的公共空间。此外，农贸市场还为帮助外来人口融入大城市、构建外来人口与本地居民之间的社会文化联系和信任，提供了一个独特的公共平

---

1 China Daily, "On way to becoming a world-class city cluster," 5 December 2018. http://global.chinadaily.com.cn/a/201812/05/WS5c070dfaa310eff30328f129.html

台。自雇经营的外来商户每天可以接触到形形色色的本地顾客，从而与主流社会产生千丝万缕的联系，同时还可以获得本地居民提供的生意之外的各类信息乃至情感支持。大型农贸市场即使被拆除，也会以社区菜点、菜站、街边菜摊等形式再次出现，但这样反而会增加城市管理的成本。

如何整治改造此类空间，在提升城市面貌的同时又可以更好地服务本地居民？为了回答这一问题，2016年的夏天，我们对曾经在太阳宫菜市场卖菜的商户菜贩和买菜的居民两个群体进行了详尽的问卷调研和访谈[1]，并于2020年、2021年先后发表了两篇英文研究论文。[2] 我们的一个核心问题，就

---

[1] 2016年6月，我们针对曾在太阳宫农贸市场卖菜的菜贩商户开展了第一轮调查，7月又针对曾在太阳宫农贸市场买菜的周边居民开展了第二轮调查。菜贩商户方面，由于绝大多数菜贩在太阳宫市场拆除后便辗转于太阳宫周边甚至更大范围的各类市场，总样本不确定且流动性较大，因此我们采取了滚雪球的调查方法。我们根据居民和零售商户提供的线索，逐步拓展研究对象，最终获得了53位菜贩的联系方式。他们在太阳宫市场从事不同的经营活动，有的卖蔬菜、肉类、调料、水果，有的修鞋、做衣服。我们首先电话联系这些菜贩并前往他们的工作场所或住所，进行问卷调查。在问卷中，我们询问了他们当前的工作、生活情况以及生活满意度。基于对这些答案的分析，我们对仍在京工作的20位菜贩进行了深度访谈，了解他们的工作现状、变迁经历、城市融入感和未来居留意愿，每次访谈时间在一小时以上。我们还回溯了这些菜贩来到北京后的工作经历，以期得到对其在城市改造过程中经济状况和再就业选择的整体认识。

[2] 参见 Chen, Yulin, Fei Yan, Yue Yang and Hengyu Liu. 2020. "Home for fewer people: The demolishment of the Sun Palace Farmers' Market and its long-term effect on lower-skilled population in Beijing." Pp. 17–35 in Wing-Chung Ho and Florence Padovani (eds.). *Living in the Margins in Mainland China, Hong Kong and India*. London: Routledge; Zhang, Xinyi, Fei Yan and Yulin Chen. 2021. "A floating dream: Urban upgrading, population control and migrant children's education in Beijing." *Environment and Urbanization* 33(1), 11–30.

是询问这些商户菜贩在菜市场被拆除后，会不会离开北京。

经过实地走访，我们发现太阳宫农贸市场拆除后，受居民买菜和菜贩商户就业的双重需求驱动，太阳宫市场周边3公里范围内涌现出了包括小型菜市场、社区菜站和街边流动菜摊在内的多种经营类型（参见图3-1）。

对菜贩商户们来说，小型菜市场仍是最主要的选择，它们大多是在太阳宫市场拆除后新建的，但规模都远小于太阳宫市场，且往往只经营果蔬生鲜，而非提供一站式服务的综

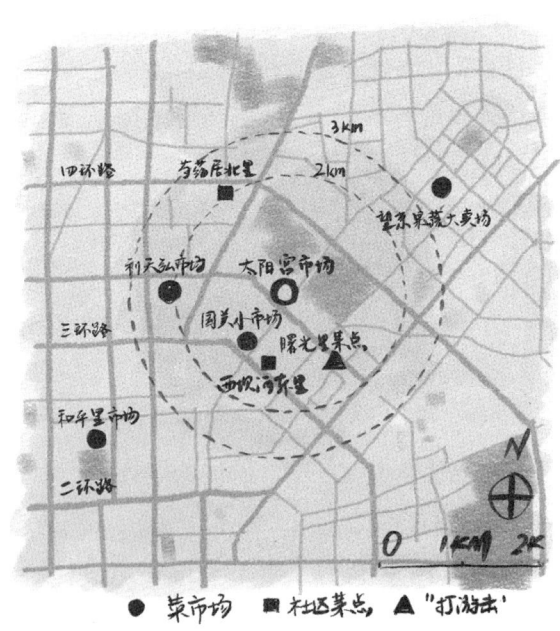

图3-1 太阳宫及周边地区现有买菜场所（2016年7月） 苗天元/绘

合市场。各家小型市场为提升人气，都采取了各具特色的经营策略。有的市场配备空调以改善室内环境，有的市场则通过降低摊位费控制菜价，有的市场全天经营，有的则是经营半天、主打菜品新鲜的早市。这些市场经营状况各有不同，有的市场备受欢迎，有的则经营不善，面临关张风险。

太阳宫菜市场被拆除后，一些社区居委会和居民也采取了积极应对措施，如请菜贩商户到社区营业。例如在曙光里社区，由于居民买菜非常不方便，便由社区居委会出面组织协商，与七八位果蔬商户达成合作，在小区门口设立了一处固定的社区菜站，每天上午摆摊经营。菜贩商户们认为自己是被社区"请过来的"，只要不占道经营、不破坏街道卫生即可。由于是社区出面组织的正式便民菜点，不会遭到城管检查罚款，因此这处露天小菜站也相对稳定地经营了将近两年。

由于菜市场频频被拆，部分菜贩对寻找稳定工作失去了信心，转而决定"打游击"。虽然摆街边摊时常面临被城管罚没的风险，但因为无摊位费、经营灵活，也被不少菜贩所接受。例如，在西坝河东里社区内每天就有十多位菜贩"打游击"：他们在早晨和下班时段出摊，推着板车在小区主入口沿街摆开。城管来检查时，这些商户就会四下逃散并在附近观望，城管走后再陆续回到原处，叫卖如常。这样的游击经营不但导致城市管理成本的增加，也破坏了城市环境卫生。大部分游商表示，如果有合适的摊位，他们当然愿意在正规市场经营，但是整个城市不断拆除菜市场的行动让这种可能性变得越来越小。

在我们调查的 53 位商户菜贩中，有超过 90% 的被访者都选择继续留在北京（参见图 3-2）。[1]整体而言，这些留守在北京的菜贩们，平均收入显著降低，月收入从菜市场被拆除之前的 6080 元，降低到拆除之后的 4635 元左右，降幅接近 25%（参见图 3-3），而城市的生活成本每年却又不断上升。这些菜贩们挣不到钱，又得不到来自任何机构的生活福利支持，只能勉强维持生计，生活满意度也比在太阳宫农贸市场有着相对稳定工作时更低。但即使向上流动、改善经济状况的机会如此有限，他们还是坚持留在北京，谋求生存。

其中，一部分菜贩流动到了周围一些小的农贸市场，仍然经营和原来在太阳宫市场一样的水果和蔬菜。但由于近年来北京菜市场频繁拆除，不论菜市场经营状况是好是坏，所有菜贩都在担心目前就业的市场可能会被拆除。然而，尽管存在风险，他们仍顽强地坚守菜摊，并为寻得一处可供安身的摊位而竭尽所能。他们无力进行经营类型的升级，但又不甘心放弃城市生活，因此仍坚守着。

---

1 被调查的 53 位菜贩商户中，目前仍有 48 人在京，离京的只有 5 人。而在京人员中，继续从事卖菜自雇经营者达 38 人，另有 8 人退出自雇经营转行打工，此外还有 2 人待业。在京从事自雇经营的 38 人中，有 22 人继续在菜市场从事自雇经营，13 人进入街边摊、社区菜站等非正规场所卖菜，还有 3 人实现自雇升级，搬入更稳定的底商店铺经营。

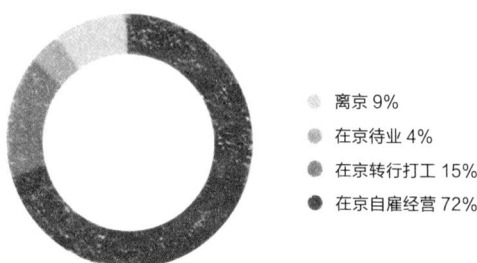

图 3-2 太阳宫农贸市场拆除后菜贩商户去向（2016）

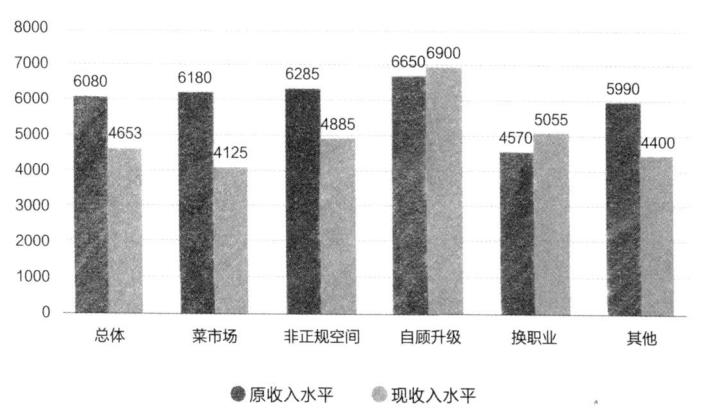

图 3-3 原太阳宫菜市场菜贩商户依不同就业去向平均月收入比较（元）（2016）

例如在和平里菜市场卖菜的燕大爷，3年来他辗转于望京街道综合市场、南湖早市、西坝河早市、西三旗市场以及和平里市场，6次更换卖菜地点，但留在北京找一处菜市场卖菜仍是他最理想的就业方式。如他所说："市场拆了就不好找了。这里面的经理很管事儿，天天都打扫卫生搞清洁，怕被政府说不好就拆了。"

而对在路边摊和社区菜点这类非正规空间场所内从事自雇经营的菜贩而言，由于就业空间更不稳定，他们则承担着更大的经营风险，凭借极强的冒险精神和坚忍毅力留在北京。在曙光里社区菜点卖菜的常先生就说："是因为社区找到我们，我们才过来。在这里只能够个吃喝，剩不下啥，和太阳宫那时候没法比。但我们只能接受现实，这就是我们的生活。菜市场是政府一大拆迁目标，如果不来社区菜点，去找其他菜市场，到时可能又要搬。"

而另一些菜贩则选择开始新的职业和生活。但这部分人内部产生了分化：个别能力强的选择了促销等职业，并在工作中实现了向上流动，但其余大部分则成为建筑工人、保洁员或散工。从收入水平看，这部分群体在太阳宫菜市场的时候是最低的，平均月收入仅为4570元，在转行打工后收入反而有所提升，增加到5055元。从城市融入的角度来看，被雇用的就业方式不如自雇经营卖菜与市民交流多、接触深，也很难享有自雇经营的灵活性和自主性。尽管这一部分被调查的菜贩普遍表示"打工不如自己干舒服""收入水平较低且缺乏上升空间",但留在北京仍是他们优先考虑的选择,因为北京"机会多""挣得比老家多",只要能在京就业,他们就不会离开。其中也有部分人仍期待如果市场环境好转,会重新回到菜市场就业。可以看出,市场拆除对这些原先收入就较低且能力较差的群体挤出效应是最大的,但城乡之间收入差距巨大,他们宁可打工也要留守北京。

此外,调查中的2位在京待业人员中,一位年轻的菜贩刚结束上一份短工,正处在待业期间;另一位女性菜贩刚从老家带着刚出生的婴儿返京与丈夫团聚,目前在家照看孩子并做家务,她表示未来一两年都没有就业想法,但会一直留在北京。她也表示,他们目前的生活质量不算好,丈夫还需要额外打工支撑家庭。而离京的5位菜贩中,有3位回到了距北京较近的河北老家务农或开饭馆。因为有地理上的便利,很多来自北京周边地区的菜贩在市场拆除后回到了老家,但只要有机会还会来京做生意,实现灵活就业。因为有低成本的退出路径和随时返京发展的可能,这样的菜贩往往最容易离开。除此之外,一位江西菜贩前往湖北卖水产,还有一位原来卖水果的商户回到老家河南后自学中医推拿,刚刚经营起一家理疗店。这些有其他技能或社会资源的菜贩商户,相比于就业能力较差的菜贩也更容易离开北京。

我们还对太阳宫菜市场周围的居民区做了问卷调查,结果显示太阳宫菜市场的拆迁对当地居民也产生了极大的影响，尤其对老年人、女性和低收入群体的影响最大。[1] 农贸市场原是本地居民采购新鲜蔬菜、水果、肉、蛋的重要场所。没有了菜市场，居民们只能去大型连锁超市买菜。然而大型连锁超市菜价更贵，而且交通上路途也更远，特别对于很多老人、妇女和低收入者，他们付出的时间成本、经济成本会更大。当然我们知道北京很多的街道社区里有小型超市和社区菜站，也会有些蔬菜供应，但品种和新鲜度是没有办法和大型连锁超市或之前的菜市场相提并论的。所以对于社区居民而言，只能要么牺牲时间和经济成本去更远的大型连锁超市，要么在社区街道将就买一些菜。[2]

---

[1] 在针对本地居民的问卷调查方面，我们在原太阳宫农贸市场周边3公里范围内通过随机抽样获得13个小区，并于工作日早晚时段和周末白天时段在每个小区随机发放问卷10份，最终收回有效问卷110份，问卷回收率为84.6%。问卷主要了解居民目前买菜形式、受影响情况和未来买菜场所意愿等情况。在被访的110位居民中，女性偏多，占61%。年龄结构上，被访者平均年龄53岁，其中老年人比例较高，60岁以上群体占41%。户籍方面，93%的被访者为北京城镇户口。受教育程度方面，大学本科和专科学历比例最高，为38%，其次是高中（29%）和初中（24%）。职业方面，大部分被访者为一般职员（42%）或工人（26%）。从个人月收入水平看，被访者主要集中在5001—7500元（31%）、3001—5000元（25%）和1000—3000元（20%）的范围。

[2] 具体而言，我们的调查发现，居民目前买菜的场所中，大型超市比例最高，占35%，而选择菜市场的比例则大大减少，只占26%，此外还有不少居民到小型超市和社区菜点买菜，比例分别为17%和13%。此外，大部分居民（56.0%）都认为太阳宫市场拆除对他们的生活造成了影响。分性别发现，觉得有影响的群体中，女性比例达60%，高于男性的45%，可见女性受影响更大；分年龄发现，受菜市场拆迁影响最大的主要是（接下页注）

为了具体分析影响居民买菜的原因，我们设定原太阳宫菜市场水平为 0，让居民对现有买菜场所与原太阳宫菜市场进行分项对比打分，分值从高到低依次为 +2，+1，0，−1，−2。从图 3-4 可以看出，居民总体认为现有买菜场所并不优于原太阳宫菜市场。现在的买菜场所在价格、新鲜程度、种类、可比选和商户交往等方面都不及原太阳宫菜市场，尤其是价格，大大高于原市场的水平。

如果进一步将居民的评价与他们所选择的买菜场所类型进行交叉分析可以发现，与太阳宫市场相比，大型超市环境最优，但价格最贵。而小型超市和社区菜点由于受规模限制，在种类和可比选方面都无法与原太阳宫市场相比。相对而言，原来的菜市场每天进货，能保证菜品新鲜，且个体经营使居民和商户能进行更多交流，最有利于居民和商户交往，有利于促进社会融合。

调研中我们还发现了一个有趣的现象，居民们都不约而同地把菜市场作为一个社会交往的公共空间——这里不仅仅

（接上页注）50—69 岁群体，而不受影响的主要是 29 岁以下群体，可见老年人受影响更大；分收入发现，受菜市场拆除影响最大的群体主要集中在月收入 5000 元以下的群体，而不受影响的群体主要集中在月收入高于 2 万元的群体，可见低收入者受影响更大；分析居民住所与太阳宫市场的距离发现，住所更远（步行 20 分钟以上）的居民受影响更大，这部分居民所在小区买菜场所比较匮乏，甘于"舍近求远"的居民也往往对菜品新鲜程度、价格水平等更敏感，所以太阳宫市场的拆除对较远的居民有更大的影响。

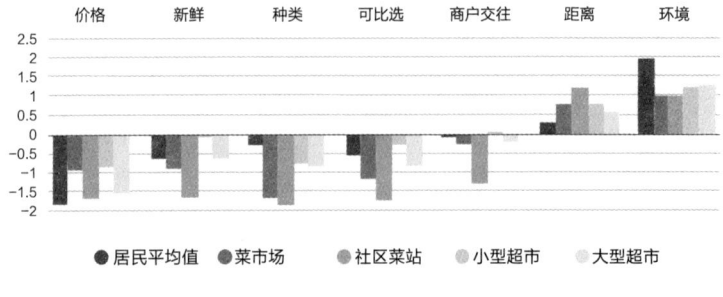

图 3-4 不同买菜场所与原太阳宫市场的分项比较

是买菜的场所,还是一个顺道遛弯锻炼、与朋友聊天、接送小孩的中转站。比如爷爷、奶奶接孙子、孙女放学回家的路上,去菜市场买菜,在这个过程当中,会有很多张家长、李家短的对话。没有了菜市场,这样的对话就没有地方进行。这里本来可以变成生活小集市和立体社区中心,在里面不仅可以买菜,还可以有很多的日常交流。譬如在新加坡,许多菜市场都是城市中最有吸引力的景观,既美化周边环境,更可以带动起周边商圈的发展。[1] 再比较北京和东京等世界大城市也可以发现,北京的零售业从业人员比例远低于东京,在传统产业方面则差距更大。可惜的是,这样一个大型菜市场被拆除后,虽然有新出现的连锁超市、社区菜站、路边摊作为补充,

---

[1] 关于新加坡菜市场发展规划的经验分享,可以参见吴洁琳、陈宇琳,《东亚菜市场发展经验及其借鉴:以香港、台湾和新加坡为例》,《国际城市规划》,2017 年,第 32 卷第 6 期。

但是大型菜市场这种可以提供一站式服务，且具有交往功能的公共空间却不复存在。

换言之，传统农贸市场为本地城市居民和外来菜贩商户之间的社会文化交往提供了一个公共空间。外来人口与本地居民之间的联系可以提高外来人口的经济收入和社会融入水平，提升主观幸福感。由此看来，农贸市场不仅是采购食物的场所，也是进行社会交流、加强不同群体间友好往来、帮助外来菜贩商户更好地融入城市社会的一个独特的公共空间。[1]

---

[1] 促进人和人之间社会网络的联结，使置身于"社会"之中的每一个人重建德国社会学家滕尼斯所描绘的"共同体"时期极具自然性、默契性、和睦性及道德性的情感和文化联系，一直都是社会学研究所追求的目标。例如，我们清华大学社会学系在做的"新清河实验"就是利用社会学家的力量，在社区调查的基础上组织居民共同参与社区治理。1928年，燕京大学社会学家杨开道、许世廉等人连同社会学系的学生在北京海淀的清河做过一次"清河实验"，当时他们在农村社区培养有威望的社区领袖，增强农民的自我组织能力，从经济、社会等多方面提出了很多改良措施。抗战之后，老"清河实验"被迫中断。2004年，清华大学社会学系重启了这个基层社会治理创新试点，也就是"新清河实验"。我们通过调查发现，清河社区实际上存在不少问题。清河的社区构造比较复杂。社区里既有20世纪80年代在毛纺厂职工改制后下岗的员工，同时也有外来移民；社区里既有出租房，也有高档小区。因为清河社区不通地铁，当地居民上下班出行非常不方便。另外，清河社区也存在环境污染的问题。我们通过问卷调查还发现，因为清河的人口构成复杂，当地社区的参与度与社区的认同感（接下页注）

流动的教育

为什么这些商户菜贩在赖以为生的"业"被拆除之后，依旧选择留在北京呢？

在我们田野调查的过程中，本来仅是想探讨大型菜市场拆除后如何直接或间接地影响外来商户和本地居民的生活，但是访谈中，有关菜贩们孩子的教育话题不断涌现出来，我们从几乎所有受访对象处得到的答案是，确保子女获得更好的教育是其留在城市的主要原因。在北京，人生总归要有些希望——"在老家辛辛苦苦种田一年的收入还比不上在城市半年的收入，在北京打工再苦，可以让孩子接触到更好的教育、医疗资源"。他们非常希望通过自己在大城市里微薄而拼命的努力，改变下一代的命运，让自己的孩子不用再走父辈的模式，可以有机会实现阶层的上升。还有些商户菜贩指出，从中央的政策来看，他们的孩子应该享有和本地居民平等的受教育权利，但在实际操作中，却被公立学校拒绝，只能进入打工子弟学校，并且不得不承受这些学校的风险和劣势。

（接上页注）非常低，邻里之间不能和睦相处。"新清河实验"的一个主要目标，就是提升当地社区的融合度和社区团结，让大家认识到，社区层面的提升不仅仅是城市空间的"硬件"提升，比如交通改善、垃圾清理，也涉及人和人之间团结度的维护，以帮助在社区层面建立起一种社会网络的联结。

尽管流动儿童的教育问题并非计划中问卷调查的主要目标，但我们对这一在田野研究中冒出的崭新话题充满了好奇。于是在2016年7月底，我们再次对12位菜贩进行了约一个小时的访谈（参见表3-1）。此次访谈主要了解家中学龄儿童人数、农贸市场拆除前后儿童受教育状况的变化（拆除前就读的学校及3年后就读的学校）、子女当前所在地（在北京还是老家上学）、就读学校类型（公立学校、打工子弟学校或私立学校），并分别询问了在公立学校读书的学费及其他

姓名	性别	家乡	出生年份	经营类型	子女数	子女教育状况（2013）	子女教育状况（2016）
QA	女	四川	1982	缝纫	1	学龄前	打工子弟学校
XB	男	湖北	1986	售卖调料	1	公立学校	老家学校
TC	男	湖北	1972	售卖蔬菜	1	打工子弟学校	打工子弟学校
XD	女	河南	1979	售卖水果	1	公立学校	打工子弟学校
LE	女	重庆	1978	修鞋	2	老家学校	老家学校
SF	女	河北	1974	做衣服	2	打工子弟学校（第二子）	打工子弟学校（第二子）
HG	男	福建	1975	厨师	1	公立学校	打工子弟学校
LH	女	河南	1977	做衣服	1	打工子弟学校	打工子弟学校
LI	女	湖南	1972	售卖蔬菜	2	公立学校	打工子弟学校
ZJ	男	安徽	1979	缝纫	1	打工子弟学校	打工子弟学校
ZK	男	江西	1965	屠夫	1	打工子弟学校	打工子弟学校
CL	男	湖北	1978	售卖蔬菜	1	老家学校	老家学校

表3-1 菜贩子女受教育状况

费用（例如赞助费）、打工子弟学校的教学质量。我们还了解了孩子的学习成绩、父母对子女教育发展的期望和长远规划，以及在京子女教育面临的最大挑战。

为什么要去特别关注城市中这些菜贩子女的教育问题？

长期以来，城市流动儿童教育问题始终是政府的重要课题。户籍制度根据地域和家庭成员关系，将户籍属性划分为两类：农业人口与非农业人口，并且规定了农业户口转非农业户口有诸多严格限制。长时间以来，城市教育部门将户口作为公立学校的入学前提：拥有本地户口的儿童自动获得公立学校的入学资格，没有本地户口的儿童则被排除在城市公立教育系统之外。为解决进城务工人员随迁子女的教育问题，非正式的打工子弟学校系统作为替代选项随之出现。

2010年，国务院在《国家中长期教育改革和发展规划纲要（2010—2020）》中明确下达了关于提高进城务工人员随迁子女义务教育水平的指示，要求地方政府承担起流动儿童教育的主要责任，确保其可以在公立学校就读，接受比迁出地、比非正规的打工子弟学校更好的教育。一项覆盖了3000名流动儿童的研究表明，在公立学校就读的流动儿童的数学和语文成绩明显好于在打工子弟学校就读的流动儿童。[1]另一

---

[1] Chen, Yuanyuan and Shuaizhang Feng. 2013. "Access to public schools and education of migrant children in China." *China Economic Review* 26(1), 75–88.

项针对北京打工子弟学校与陕西农村公立学校教学质量的对比研究也显示，最初，打工子弟学校学生的表现优于农村公立学校的同龄人，但由于打工子弟学校教学质量较差，这些学生的表现逐渐落后。[1] 在公立学校就读无疑是外来务工父母的首选，随着国务院这一指示的实施，许多没有本地户口的外来家庭可以凭符合条件的暂住证将孩子送进公立学校。

虽然在政策层面，流动儿童享有平等的受教育机会，但是在实践中，地方政策实施不全面、资金支持不足、行政阻碍繁复、对农村到城市的流动人口的歧视等问题，使得大多数外来家庭仍然难以获得这些教育机会。以北京为例，外来家庭必须提供"五证"才能让子女进入公立学校就读：（1）在京务工就业证明；（2）在京实际住所居住证明；（3）子女符合计划生育政策的证明；（4）父母双方的在京暂住证；（5）户籍所在地街道办事处或乡镇人民政府出具的在当地没有监护条件的证明。2014 年，北京的 16 个区县中，只有 4 个远郊区县强制要求提供这些文件，但到 2015 年，这一数字上升到了 13 个。[2]

---

[1] Lin, Qianfeng, Mengluo Ren and Mengdi Yang. 2019. "Identity crisis among rural-to-urban migrant children in China: a proposal for school and government interventions." *Journal of Asian Public Policy* 12(2), 144–159.
[2] 北京市教育局，"北京市教育委员会关于 2015 年义务教育阶段入学工作的意见，"2015 年 2 月 6 日，http://www.beijing.gov.cn/zhengce/zhengcefagui/201905/t20190522_58275.html

对许多外来家庭而言，想要办齐这五证是非常困难甚至不可能实现的：从事自雇经营或短期工作的流动人口无法提供就业证明；居住在临时住所的流动人口无法提供居住证明；育有计划生育政策之外子女的家长无法提供子女符合生育政策的证明；还有许多家庭中有在老家提供监护条件的长辈，如祖父母，因而无法提供无监护条件证明。但即便集齐所有要求的材料，一些公立学校还设定了招生名额，且不对流动儿童提供额外名额。因此，大量流动儿童，尤其是经济和社会条件不佳的流动儿童，仍无法进入北京的公立学校就读。

与此同时，北京、上海等大城市还采取了一系列人口调控政策以加速城市升级，教育政策是其中之一。一项在北京开展的实证研究就发现，地方教育部门担心若流动儿童可以在北京接受更好的教育，会吸引外来家庭向城市流动、增加人口压力，正如北京市教育局的一位官员所说："北京市政府为控制流动人口增长做出了很多努力。事实上，教育部门被推到了阻止流动儿童进城的第一线。"[1]

该项政策的直接后果是许多外来家庭不得不为子女的教育寻找其他替代选项，如在非正规的学校就读，甚或从公立学校转入教育资源匮乏的打工子弟学校。这些打工子弟学校

---

[1] 这一段访谈出自 Liu, Shuiyun, Fuxing Liu and Yafeng Yu. 2017. "Educational equality in China: Analysing educational policies for migrant children in Beijing." *Educational Studies* 42(2), 221–222.

多位于郊区,由外来务工人员自己创办,教学水平和硬件设施较差。这些打工子弟学校频繁更换办学地点,也未在当地教育系统正式注册,因而可能会被地方政府以违章建筑、非法运营或存在安全隐患为由关停,尤其近年在城市快速升级、严格控制人口规模的背景下,越来越多的打工子弟学校被关停。

浮城梦

一般来说,北京的外来务工人员在子女教育上通常有三种选择:北京的公立学校、北京打工子弟学校和家乡的学校。随着公立学校接受非京籍户口学生的名额逐年减少,有能力把孩子送进公立学校的外来人员,也不得不转而考虑师资力量、教学设备都远逊于公立学校的打工子弟学校。然而在这类学校又受到政策打压以后,一部分人只能选择将孩子送回老家,成为远离父母的留守儿童,从而造成了一系列潜在的心理问题和犯罪问题。对那些留守儿童来说,接受更好的教育、向上流动只不过是一个遥不可及的梦。

太阳宫菜市场拆除后,外来菜贩商户的就业和收入变化,使其子女的教育状况发生了巨大变化。在12位被访者中,没有一位在拆迁后可以将子女送到更好的公立学校就读;没有人能将在老家读书的孩子转到城市打工子弟学校,或将在打工子弟学校的孩子转到公立学校；相反，多数受访家庭的孩子的教育条件都有所下降，从公立学校转到较差的打工子弟学校或老家的学校。各方压力之下，子女教育就此成了除生计之外，在京菜贩最为忧心的大问题。

第一个变化，是从原本就读的公立学校转出。

太阳宫农贸市场拆除前，12名被访者中有4人的子女就读于公立学校，而市场拆除后，所有学生都没能继续留在公立学校：3个家庭将孩子转到打工子弟学校，1个家庭将孩子送回了老家。另外还有3个家庭本希望子女能在公立学校读书，但都限于严格的政策限制和经济压力未能实现。

从2014年起，只有"五证齐全"的外来菜贩商户的子女才能进入公立学校学习。相对而言，北京市居住证算是容易申请，但是其他几项证明材料就比较困难了，尤其是在京务工证明——太阳宫市场拆除后，许多菜贩转移到小型菜市场中从事自雇经营，或转行成为临时工。正如一位被访者所说：

> 教育局要求的这些文件越来越难弄全，（拆迁）之前我们只需要提交身份证、北京居住证和户口本给（公立）学校，文件审核过程相对简单。现在审核越来越严，一项都不能少。我们把女儿从公立学校转到社区打工子弟学校的主要原因就是这个。（被访者HG）

另一位希望把孩子送到附近一所公立学校的被访者也有着相似经历：

> 我儿子刚6岁，本来打算让他去附近的公立小学，但我们没拿到那五证，卡在工作证明上了。我们离开（农贸）市场之后，就不属于任何工作单位或者公司了，自己单干。我们就做些小生意赚钱吃饭，去哪儿开工作证明呢？（被访者QA）

极少数拿齐五证的家庭，其子女入学时也受到了名额限制。排队入学的人很多，一旦外来务工家庭不能按时提交所有证明文件并通过学校审核，就不可能被录取了。一个曾将孩子送进公立学校的被访者介绍说：

> 我们一开始就决定让儿子在北京的公立学校接受好一些的教育。我一般一天工作12—15个小时，就希望我儿子以后能找到一个好工作，在北京安顿下来。他不能跟我们一样。我们相信教育能改变他的人生，所以一年级的时候就让他上了我们隔壁社区的一所本地公立学校。2014年，整个情况都不一样了。市场拆了，我就得换工作。我想尽办法托关系找人帮忙，花了好长时间才办齐所有文件，尤其是工作证明。但还是没赶上。我

们去学校的时候，他们告诉我们今年（给流动儿童的）名额满了。只有两个专门给借读生开的班，先（带着所有要求的文件）到先得（录取名额）。我们找校长理论，求他给我们孩子加个名额。校长挺无情的，拒绝了我们，我们只好从这个学校退学了。（被访者XB）

这名被访的菜贩对孩子期望很高，而且相信教育可以提高整个家庭向上流动的可能性。他想让孩子上公立学校，但名额已满，未能成功。问及他是否尝试过其他公立学校，他告诉我们北京其他公立学校的情况也类似——必须先备齐要求的全部材料，而且公立学校完全不介意少录取甚至不录取流动儿童。当我们问到孩子现在的教育状况，这位被访者回答道：

> 我们最后决定把他送回老家。北京的打工子弟学校随时可能被关，教学质量也没法保证。当然，老家的学校也不好，但至少在村里的学校接受完义务教育后，他能到镇上上中学。那儿的老师水平不是那么高，流动性也很大，但是学校对学生管得很严。

最后，这位被访者再次强调了他的高期望：

> 我希望（我儿子）以后高考能考个好成绩，上个好大学。他能成为我们家第一个大学生。

虽然北京的一些区已经放宽了流动儿童进入公立学校系统读书的要求，但入学费用高昂，孩子还可能受同学歧视，也给求学造成了很大障碍。一位被访者讲述了太阳宫市场拆迁前她儿子在公立学校读书时，在美术课上的经历：

> 我们俩都很少花钱，我们的钱都花在儿子身上了，他在附近一所公立学校读书。他喜欢画画，美术课上老师要求所有同学给班里买纸和颜料盒，我们都不了解美术是什么，但在钱上完全没有犹豫，我们买了好多画画的工具。但他在班上还是被歧视了，因为他是从农村来的。其他本地同学嘲笑他一个农村来的孩子不配学美术。这是完全不对的。（被访者XD）

当问起她的孩子是否还在继续学美术时，这位被访者耸耸肩回答说：

> 离开市场之后，我们交不起（公立学校）那么高的择校费。以前我卖水果，我丈夫在一个公司做保安。我不在市场工作了，择校费就远远超出我们的经济能力

了，我只能让儿子到打工子弟学校上学，但那儿没有美术课，事实上所有艺术类的课程都没有。他们只教语文、数学、英语。我特别心疼他。

理论上，公立学校不能向来自其他地方的学生收取额外费用，但实际他们会以"自愿捐赠"或者"赞助"的名义收取费用。此类费用每年5万到10万元不等，这笔钱对大多数外来家庭而言都是一笔巨款。一位借读生家长告诉我们，除了学费（一般在几百元）和赞助费，公立学校还会收取1万到3万元的课外班费用，具体视课程而定：

> 其实我们最大的困难是没钱。我有两个孩子，他们原来在同一所公立学校读不同年级。我和丈夫都要加班打工，就把两个孩子送去课外班，让老师带着。我们当然可以选择不上课外班，上课外班给我们造成了很大的经济负担，为了两个孩子的教育我们得更加努力才行。然后呢，咣当！菜市场拆了。那对我们的生活的打击好大。没有任何补偿，我们的月收入也下降了很多。我们现在该怎么办呢？真的是压死我们的最后一根稻草……不上了，我们认命。（被访者LI）

在我们的调查样本中，由于公立学校教育费用高、入学限制多，加之太阳宫农贸市场拆迁后家庭收入减少，流动儿童在北京公立学校的入学率很低，辍学率很高。让孩子在北京公立学校读书仍然是外来菜贩们的梦想，但这个梦想对绝大多数外来家庭来说都是遥不可及、难以实现的。他们只能退而选择非正规的打工子弟学校。

第二个变化，就是选择把孩子送去非正规的打工子弟学校。打工子弟学校的学费比公立学校低得多，入学要求也很简单，且一般位于外来人口聚集的社区附近；但教学设施和师资力量较差，教育资源不足。

12位被访者中，共有9个家庭选择让子女在北京的打工子弟学校读书：太阳宫市场拆除前有5个家庭的孩子在附近的打工子弟学校就读；市场拆除后，又有3个家庭的孩子从公立学校退学，转到打工子弟学校；此外，还有一个家庭的孩子到上学的年龄后（被访者QA），也进入打工子弟学校学习。打工子弟学校虽然不是最好的选择，但费用低，太阳宫农贸市场拆除后，便成了这些菜贩商户们最现实的选择。如一位被访者所讲：

> 我儿子14岁了，我们让他在离我们挺远的一个打工子弟学校上学。学校虽然远，但学费很便宜，每个月只交400块钱，交通费每个月大概100块钱，所以加起来每月大概500块钱。我们上不起贵的学校，只能去便

宜的。(被访者ZJ)

另一位被访者讲述了相似的经历：

> 我们的大儿子现在在天津当工人，他原来上的就是打工子弟学校。所以等小二子该上学了，我们也让他上了太阳宫这片儿的打工子弟学校。那个学校只招流动儿童。只有两间教室，没有桌子也没有电子设备；加上校长一共4个老师，但好像都没有教师证。上课就是学生坐在那儿，听老师讲。(被访者SF)

多数外来父母都认为子女在打工子弟学校得不到良好的教育。有几位被访者告诉我们，他们的孩子不愿意去打工子弟学校学习，所以在学校表现也很差。但打工子弟学校切实帮助他们解决了子女入学问题，至少给孩子打下了一定学习基础。例如有一位被访者就承认：

> 其实我们对孩子并没有很高的期望，我们知道他在学校的表现不是很好。但他如果不上学，就会整天无所事事，到处闲逛。我们只希望他接受完九年义务教育，能做个汽修技工，我们希望他能早点工作。(被访者TC)

有些打工子弟学校未进行注册，且存在严重的安全隐患，因此成为政府关停的主要对象。2000 年，北京约有 300 所打工子弟学校，近 8 万名借读生。[1] 2006 年，为控制大城市过度的人口增长，30 余所打工子弟学校被北京市政府连夜关闭，1 万余名学生辍学。2011 年 6—7 月，24 所打工子弟学校被迫关闭，短短 2 个月内，至少 1.4 万名学生辍学。[2]

一位被访者就有这样的经历。她曾经在农贸市场做衣服，孩子在离市场很近的一所打工子弟学校读四年级，几乎是在农贸市场拆除的同时，这所学校也被关闭。她的孩子不可能进入公立学校，因此这位被访者就把孩子送到了北京郊区一所偏远的打工子弟学校：

> 孩子的爷爷奶奶身体不是很好，我们也不能把她送回老家。所以我们决定还是让她留在北京，上学就成了一个大问题。我们在农贸市场工作的时候，让她在附近一所打工子弟学校上学，每天放学后她可以走到市场，在那儿学习。但市场关了，学校也关了。人家说区政府

---

[1] 这一数据来自加拿大曼尼托巴大学（University of Manitoba）社会学系 Julia Kwong 教授的研究。参见 Kwong, Julia. 2011. "Education and identity: The marginalisation of migrant youths in Beijing." *Journal of Youth Studies* 14(8), 871–883.

[2] 参见 Wei, Yanning and Yue Gong. 2019. "Understanding Chinese rural-to-urban migrant children's education predicament: A dual system perspective." *International Journal of Educational Development* 69, 48–57.

> 中止了学校的房屋租约……我们只能给她找新的学校。她不太高兴,不愿意去新学校。但你知道,我们能为她做的也就是这些了。(被访者LH)

可以看出,伴随着太阳宫农贸市场的关闭,随之而来的,就是菜贩商户的收入急剧下降,打工子弟学校因此成为这些外来商户解决教育问题的主要选择。最近两三年北京关停无证打工子弟学校的浪潮,又让这些外来家庭必须匆忙地为孩子寻找其他受教育机会。

外来务工人员家庭的第三个选择是把子女送回老家,成为留守儿童。有两位被访者在拆迁之前,就把子女送回了老家;还有一个家庭让孩子从公立学校退学回了老家。总体上,在我们的调查样本中,把孩子送回家乡学校的外来菜贩的比例不是很高。

回到老家后,这些儿童由祖父母等其他扩大家庭中的成员照看,一年最多只能见到父母一两次。在许多案例中,这些长辈没有经济来源,还可能宠坏孙辈。一位被访者就抱怨道:

> 我们有两个孩子,都在老家由奶奶看着,我们每年给她打5000块钱。我们县是国家级贫困县,学校教学质量整体很差。老大一直说想来城里和我们住,但我们

照顾不了他。现在村里只有老人了,年轻一辈基本都到几百公里外的城里打工了。(被访者LE)

当问到她多久回老家看一次孩子,这位被访者很无奈地回答:"很少……两三年才回去一次。"另一位被访者也给出了相似答案:

我们(和儿子)很久没有好好聊聊了。每次打电话,他都跟我要钱,然后就会吵起来,所以只要没大事我就不打电话了。(被访者CL)

亲子关系可谓是我们一生中影响最大、最重要的关系之一,而留守儿童的亲子关系往往并不理想。多数儿童更希望来到城市和父母一起生活,但现实却是只能留在农村社区,远离父母亲的呵护陪伴。"留守"可能导致这些孩子因缺乏陪伴而在成长过程中出现自卑、抑郁等诸多问题,并在以后的生活中也更难信任他人,并连带产生身份认同的困境。

新发地红芹姐和她女儿辛子的故事,也是一个鲜活的留守儿童因缺乏父母的关照而产生叛逆、主动辍学的案例。在红芹姐的讲述中,她告诉我们:

我来新发地的时候女儿才4岁,儿子2岁,我想让她上新发地小学，由于工作太忙，家里边老人家种田也不帮我带，我一个人又去上菜又去卖菜，我老公送菜，加开单子，加谈客户，我们就俩人根本没有时间带。我一上完菜回来，两个小孩在家里边，床这边睡一个，沙发那边睡一个，整个地上全是方便面，整个屋里搞得乱七八糟。我一看那种场景真是受不了，我一气之下给他们送回家了。因为我顾工作顾不了他们，如果说我没有好的工作他们哪有好的环境上学。然后这么多年一直在家里做留守儿童，跟他们奶奶在一块儿。我儿子挺聪明，没人管他，一直上到初中的时候我还在那儿卖菜，我想把他弄到北京来的时候，但是北京已经限制了，没有5年的社保或者是什么东西都不让到新发地小学来上学，我挺后悔的（当初没有让他在北京上学）。以我的想法的话，我会让我的儿子和女儿在北京上学，最起码上个初中，回家上高中。没办法，只能被迫回老家了。

红芹姐的儿子今年16岁，正在老家镇上的学校读初三，正是学习关键的时候，却因为红芹姐日复一日的蔬菜批发工作，没有时间陪伴他，一度也曾想过和姐姐一样辍学去打工。红芹姐心中有很多的愧疚，把女儿留在身边手把手地带着她拣菜、分菜、卖菜，帮她联系学习计算机的课程，同时又对儿子生出更多的期盼，期盼他成为家里第一位大学生。但是两个孩子的未来到底会如何发展,红芹姐却没有答案。

为何这些菜贩的孩子们无法实现在北京接受高质量的公立教育?

一个关键的原因就是政策矩阵(policy matrix)中的"政策不协调"因素。流动儿童教育问题是中央政府历年来十分重视的一个政策问题,根据2010年国务院的指示,流动儿童有权利享有平等的受教育机会。但与此同时,中央政府又坚持在大城市实行严格的人口政策,以推动大城市的发展与更新。这一点在国家发展规划中亦得到了明确规定,要求各城市及地区设置、推行流动人口限额。在两个政策同时落地的时候,就产生了政策上的不协调或者冲突,并且地方政府教育部门的议价权低于制订经济发展规划部门的议价权。在冲突之下,教育公平就被牺牲掉了,最终造成了流动人口子女的教育困境。

换言之,在将北京、上海等大城市建设成为国际化都市的过程中,我们的城市改造和人口调控政策要循序渐进地推进城市更新,谨慎评估对所有利益相关者,尤其是弱势群体的潜在长期影响。若未充分论证就彻底移除某些产业领域,很可能对许多外来弱势家庭及其子女造成一系列不良影响。这些影响也许不会在短期内立即显现,但却可能带来深远且持久的负面外溢效应。

对北京菜市场的追踪研究,迄今已经有5年多时间。社会学不仅研究社会的整体，也关切社会中每一个人的生活与命运。无论是太阳宫农贸市场的田野调查，还是在新发地和红芹姐的深度访谈，以及对她女儿辛子的特写，我从社会学的观察视角入手，也从一个普通人的好奇心和同理心出发，呈现出这些菜贩在大城市生活的驳杂与丰沛，保存下他们个体生命历程的迁徙与流转。

也许有一天，随着这些人出于各种原因离开北京、返回故乡，新发地、太阳宫都会变成他们人生中的一段回忆。而他们曾经在短视频平台用手机镜头记录下的那一段段点点滴滴的日常生活，其实是在一个虚拟又真实的世界里提醒着我们：他们曾经为城市化进程贡献过重要的力量，他们不应该只是收获看客们的一句"老铁666"；他们的声音和需求应该被社会听到，并且重视。

在胡同里推着车吆喝的手艺人

第四章

手艺活

张楷 / 摄

做任何事情咱们不能昧着良心，得凭着良心去做。我有一个徒弟就跟我说，良心值多少钱一斤？我就对他说，他现在把衣服裤子脱了，一丝不挂到马路上去跑一圈回来，我给他1000块钱，他说那哪行，面子不能就值1000块钱啊！我说，那他觉得面子值多少钱一斤，良心就值多少钱一斤，面子和良心对等的。这种东西跟他这么一说，他就明白了。

北京人

王师傅问我："是应该让儿子留在北京，还是回安徽的老家发展？"

我相信，在问这个问题之前，他的心里早已有了答案。

王师傅是个小工长，个头不高，但是长得胖墩结实，在北京接一些装修的私活，然后找来一帮做水电工、瓦工、油工、腻子工的兄弟一起做。而他自己，则是木工出身，木工手艺一流，打衣柜、橱柜、书柜、玄关柜，比家具店卖的成品要好。

王师傅16岁就从安徽的农村辍学出来，去了兰州学习木工。2001年，18岁的他学徒期一结束后，就辗转来到北京，独自接木工活。刚到北京的他，住在北五环来广营批发市场一个月租金100多块钱的小民房里，当时从安徽来的装修工人基本上都住来广营。做一天的活下来，工资是30块，没有活做就没有工资。有活的时候，早上4点半就要起床，赶5点半第一班公交车，8点之前到工地。如果迟到，就会被扣工钱。晚上则是 6 点下工,到家已经 9、10 点钟。王师傅说,那个时候,无论工地有多远,只要有活做,他都会去。好多人为了干活儿,晚上就不回去,直接跑到工地附近的公园里,在公园的椅子上凑合一宿,早上还可以多睡会儿再去工地。

王师傅的妻子和他是初中同学,但并不同班,也是早早就辍学,跟着在北京做保姆的母亲一起打工。起初是在饭店里做服务员,后来又去学计算机,想找个可以待在办公室里的工作,不用再这么累。两人在老家中学同学的 QQ 群里聊了起来,一聊才知道对方是谁,就相约着在网吧见面。当时的王师傅还是小王,没有被称为王师傅,也没有现在这么胖,刚开始追求女方的时候对方看不上他,理由是不想和老家"老三样"的木工、钣金工、做早点的谈恋爱。当时村里的人外出务工,基本上都是这三类职业。但是最后两个人也结了婚,2004 年在北京办了婚礼,漂泊的小日子才算有了依靠。

我和王师傅夫妻俩一起在望京街边的大排档里吃着碳火烤鱼,他的妻子很干练,一看就是操持家务的好手。她现在在北五环帮人看着一家卖窗玻璃的小门店,更多的时候还是在家陪着儿子。

他们的儿子今年 15 岁,在北京的一所中学读初三,马上就要面临中考的压力,因此王师傅的妻子这段时间的主要工作,就是为儿子做好后勤保障。

这是我遇到的北京外来打工流动家庭中,第一例没有把孩子送回老家读书，而是留在身边，并且准备去报读北京本地高中的。

透过冒着热气的烤鱼炉子，我听到了一个与众不同的温暖故事：

> 那个时候丈母娘在北京一户人家里做家政，我媳妇当时不怎么上班，有时也会去帮忙。这户人家的老太太快70岁了，曾经是个老师，和儿子关系比较疏远，平常就和老伴儿住在一起。老太太的母亲当时身体不好，我媳妇就一直帮忙照顾着老太太。我们两家也不停地有走动，一来二去地，那家人的老太太就认了媳妇做了干女儿。
>
> 后来我们结婚之后有了孩子，老太太就主动跟我们说，孩子户口挂他们那边。这是老太太提出的，她说你们农村教育也不好，上学也教不了什么。毕竟老太太他们学历高，有时候还能教教孩子，所以我们就让孩子跟着老爷子他们家姓，上了北京户口。
>
> 我们的孩子2006年出生。在北京生完孩子，等孩子断了奶能自己吃东西的时候就送回了老家。在老家待到能上幼儿园的时候，老太太就说了，这孩子马上上学了，别在老家待着说一口安徽腔，到北京来上学啊，然后我们就提前给接了过来。老太太说你要是真带不了，

可以早晚送过来（给我们带）。我们一直住得离老太太近，就是因为我们俩同时上班的时候没人管，就把孩子放她那儿。老太太家楼下有个幼儿园，放在那儿上幼儿园，放学之后老太太给接到楼上，我们回去的时候再接走。

那会儿刚上学的时候，我们家孩子小，人家老问他你家哪儿的，孩子下意识地就说，安徽的。老太太老说他："你不能说你是安徽的，你就是北京人啊。"

孩子除了我们，就跟老太太、老爷子他们是最亲的了。有时候我们也会问他："你跟谁最亲？"他说跟奶奶，他通常跟我们说的奶奶就是北京这边的老太太，说跟她是最亲的。因为老太太照顾他比较多，跟他在一块儿时间比较长。现在我们家孩子出去，见我的时候有的时候还叫叔叔，老师听了有时候也很蒙。

王师傅一直强调人生的这一段"奇遇"：曾经是雇主的"老太太"，因为两家人共有的善良、信任，成了孩子名义上的奶奶。两个来自安徽农村的"80后"打工人，就在"奇遇"的引领下，有了一个拥有北京户口的孩子。

"老太太"就此成了这一个外来小家庭相当亲密的"亲属"，为小两口分担着照顾孩子的工作，还不断为孩子的学习发展操心，这构成了王师傅印象里"北京人"的缩影。王师傅告诉我,他遇到过两种北京人,一种是大众印象里自私冷漠的北京人,另一种是热心肠、乐于助人的北京人。他心里的这两类形象是相当具象的:第一类斤斤计较,绝不会在房租缴纳上有所宽限,还总表现出强烈的优越感,第二类则很容易体谅别人的难处,是心态平和的。在王师傅看来,热心肠的北京人,很多都是祖祖辈辈都居住在这里的老北京,也是在这个"祖祖辈辈"的意义上,给像他这样的外来者提供了一个情感上的入口。即对真正的"老北京"来说,作为都市的北京也是一片祖辈扎根的故土,正如所有外来者也怀有自己的一片故土一样,双方在身份上有了拉近的可能性。

然而对于王师傅的孩子来说,特殊的成长环境,也带给了他很多矛盾和困惑:该如何定义自己的身份?出生地的情感认同和一纸户口本,到底哪个更能决定身份?夹在安徽乡村与北京城市之间的,不仅仅是王师傅这代人。在"奇遇"之下,孩子得到了北京人身份,但大人们也不得不一直教他:"别说漏嘴了,你是北京人。"即使如此,充满自然趣味、有广袤田野可以玩耍奔跑的安徽乡村,才是他逢年过节最期盼的故乡。土地作为精神意义上的"根",在血液里得到了自然的延续。

> 老太太一直跟我儿子说,在学校你就说北京人。现在一般在外人跟前他基本上也不说他是安徽人,但是在

他心里面老是想着安徽，老是要回去。包括他每年放寒暑假的时候做计划，他就说回安徽去，回老家玩几天，回来再学习。他觉得安徽是他家，北京不是他家。因为在这儿连房子都没有，一直是租的房子。

在北京的时候老太太总是担心他不安全，他要回农村就没人管他。小的时候就是找一把砍刀，自己砍竹子。我们那边有竹子、有小树，他没事儿就去砍。夏天回去村里有条小河，他可以去摸鱼摸虾，什么都没人管。农村的孩子就是这样，没人管，就自己满地方撒欢跑，玩得可高兴了，所以每次回去之后都不愿意回来，就想待在老家。现在不敢说了，小学的时候老说我要回安徽上学，回老家上学，老家可好玩了。

我们家孩子在北京天天除了手机就是电脑，没地方去。在农村的时候真的是，除非几个孩子在一起打游戏，要不手机扔在家里你给他玩都不玩。前几年上小学的时候，出去抓鸡抓鹅，农村的鸡都是散养的，他们几个能把鸡抓住，我真服了。散养的鸡，农村的柴鸡跑得多快啊，他们几个孩子都能给抓住，我说我太佩服你们了。每次回去之后都特别高兴，玩的也多，也没人管。

一个北京户口，带来的不仅仅是在北京上学的机会，还有未来一系列潜在的城市公共福利。尽管王师傅也提到，儿子依旧可以在他18岁之前选择跟着父母一起，转回到农村户口；等过了18岁成年后，就没有办法再转户口了。但事实上，孩子所迷恋的，仅仅只是审美意义上的村庄；而真正的村庄，并不是只有自然趣味的诗和远方，很多现实的无奈困境促使离开村庄成为农民们最理性的选择。

王师傅分享了他堂姐家的故事。堂姐的孩子因为父母在外地打工而被留在了老家，结果上学的时候一直被学校高年级的混混抢劫，每天的午饭都买不起，也不敢告诉家里的爷爷奶奶和长时间不在家的父母，只能自己熬着。最后熬不住了，自己也加入了这种混混组织去抢劫更低年级的学生，被家长告状后老师才发现。堂姐的孩子最后被送到了寄宿学校，从早到晚都交给学校管理，终于摆脱了这种混乱的局面。

跟自己的堂姐相比，王师傅很庆幸自己的儿子可以在城市里接受教育，不管孩子学习成绩如何，至少让他放心，孩子不会乱来："我们老家真的是，留守孩子在外面抢劫的、犯罪的都有，放在外边真的管不住，爷爷奶奶也看不住。"

即便有了北京户口，王师傅夫妻俩还是需要筹划孩子的教育与未来发展。因为有一天，孩子跟着爸爸一起去了趟工地，回来后孩子就告诉他，自己将来也想干装修这个行当。王师傅听了坚决反对："我自己是做这一行业的，我们家孩子以后要是做这个我肯定也不愿意：太脏、太累、事情太多。"

这几年，北京的中考录取率越来越低，这让王师傅夫妻很担心，他们听说北京有一半的初中生上不了高中，面临着"50%"的升学画线。孩子能否顺利升学读高中[1]？如果读不了高中，应该再去哪里呢？孩子喜欢画画，对手工也比较感兴趣，因此一个可能的去处，是去考设计类专业的职校，毕业后再去投奔他们在安徽老家一个设计院工作的大舅，让大舅搭把手学点设计活，"反正不能再'子承父业'了"。

木工和木匠

王师傅选择做木工这一行当，就是子承了父业。

在老家的村里，从祖上起就有很多人做着这个木工活，一代一代传下去。再加上初中快毕业的时候，他看到辍学去工作的伙伴们有了自己的零花钱，不用再在教室里从早坐到晚，大城市的诱惑是如此迷人，因此急切地想要走出来。尽管学徒工是艰苦的，他也没再考虑过要重回校园。

王师傅今天回想起来，记忆里的学徒生涯依旧十分痛苦。跟着师傅学习木工的基本功时，要不断地练习推刨子、磨凿

---

[1] 事实上，北京普高的录取率接近 70%。根据北京市教委发布的《关于做好 2021 年高级中等学校考试招生工作的意见》，2021 年北京市各类高级中等学校招生规模 8.95 万人，其中普通高中招生规模 6.18 万人，中等职业教育招生规模 2.77 万人。参见北京市教育委员会，《北京市教育委员会关于做好 2021 年高级中等学校考试招生工作的意见》，2021 年 4 月 28 日，http://jw.beijing.gov.cn/bsfw/szx/202105/t20210507_2382371.html

子等下手活儿，一个木头要光滑平整，刨、锯、锤、凿，每一个步骤都要反复操练好多遍，没两天手掌上就全是水泡，压在锯条间的金属把手指磨得没剩几块好肉。

我们刚学徒的时候最讨厌就是磨那个凿子，最小的是3分凿，3分凿拿毫米来算应该是0.5毫米左右，那时3分是最小的。最大的叫扁铲，大概达到3公分，我才刚去的时候就得磨那个东西。这是基本功，师傅说这个东西你要磨不好你就不会干活儿。天天磨，磨的时候要与木架的平面成45度角，这个角度必须靠你的手去掌握，一个一个掌握好，磨完之后都要方方正正的，所有该是角是角，该是棱是棱。那时候最讨厌的就是磨木工用的斧头，那个东西可难磨了，你要是想给它磨快了，得磨半天才能磨好。

现在我还讨厌木工用的那种锯子，带个锯条，后边有个绳、有个棍。因为那会儿师父教我，你需要先用一个角尺把线画好，然后拿锯子自己慢慢锯，锯要稍微大一点，然后拿刨子取直。刚学徒的时候这手天天是烂的，因为两根锯条上面有一个圆铁柱，是拉着锯条的，这个手必须得夹着锯条上面的那个棍，你才好用力，才能掌握锯子的力度和左右方向。想想那会儿真的是挺惨的。

学徒是两年期，其间没有工资，就是每日跟着师傅，除了学活、做活，还要手脚勤快，什么活都得干。"师傅家要是割稻子你得帮人家干活儿去，人家插秧你得去干活儿，师傅家干任何活儿你徒弟都得要去。"尽管如此，在王师傅看来，和当学生相比，学一门手艺意味着个人的独立、对时间有着更多的相对自由的把握，而且学出来以后，就可以独自去接活。

王师傅还不断念叨，现在年轻木工的手艺是真的不行，吃不了苦，也不愿意去学习。在他的学徒时期，师傅是严苛、不近人情的，无数技艺都是从最基础的手工活一步步艰难学起。而现在，如果没有机器，一个简单的刨花，年轻木工们都不知道如何下手了："现在在工地上看到一些木工、瓦工、油工，好多油工你让他凿个角都凿不直，木工你让他推个刨子他都不知道刨子怎么用，这根本就脱离了以前我们说的手艺人。他们现在真的不叫手艺人，只能说这是一份工作。"

非常看重"手艺"的王师傅，打心眼里觉得木工活是一门艺术，成为木匠应该是每一位木工的终生目标。当他刚学打家具的时候，木工还分等级，一级二级三级，最高的是九级。学徒刚出来的时候最多只能算是一级，九级的木工就得自己会画图，然后再按照图纸手工做出来，这才是木工的最高等级。然而现在，越来越多的年轻人从村里出来后，只会选择轻松的工作做，极少有人再考此类木工等级证书，木匠也已经成为一个被边缘化的词。

对于装修行业的整体未来前景，王师傅表示悲观。在他看来，不仅仅是木工，装修这一行，因为脏和累，也越来越难以招到合适的年轻人。10个工人里面，估计"90后"也就只有两三个，大家进城的首选都不会是干装修工，这个职业再往后只会越来越稀缺。

> 现在干这一行的年轻人少了，这个工作需要经验，另外也脏、累。水电工得开槽，切大理石砖的时候满屋子都是灰，特别脏，现在"90后"都嫌这活儿太脏不愿意。还有瓦工，你别看这个砖小，一块（边长）800（毫米）的大地砖净重三四十斤，好一点的砖达到50斤，你再打上泥浆，那一块砖大概80斤，你一个人搬起来要平放，一点都不能磕，一磕的话砖角就碎了，一家活儿用个几十块砖，坏个一两块客户不会说啥，但是你要坏个十来块就是你手艺的问题了，所以说这个活儿太累了，人家干不了。木工的话干活儿时候也脏，打眼、切板，满屋都是灰，所以"90后"很少有人干这些活儿。
>
> 我们这一行工作的工资并不低，一天450元；瓦工工资会高一点，达到550、600元。但是主力还是"70后""80后"。"90后"基本做保安、快递、外卖，学

历高一些做办公室文员。以前最早我们刚来的时候，想装修有干木工的，有干瓦工的，找个人去干就行，最起码那会儿刚来的时候你找得到人。现在我们就能感觉到，找工人特别费劲，特别是你要做大活儿的时候，工地上需要几十个人的时候，特别困难。不像以前，真的是一个电话打过来第二天上100人、200人，现在你说几天内上个一两百人，真的是比较困难了。

2005年左右，北京才开始有装修公司，再往后越来越规模化。现在各种各样的公司，有全包的、半包的，还有专门给人设计的公司，所以这个行业我觉得以后公司多了，选择性多了，但是工人再过10年就会越来越稀缺。马上"70后"的那一拨人就得到50多岁了，再过10年，他们60岁的时候根本就不敢用，因为像我们这个行业得一直爬高爬低的，到了60岁不敢用了。假如在工地上出点事儿都担不起，所以岁数大了没人要。等我们这一拨人岁数再大了，再过10年，我们这个行业就会出现一个断层。

王师傅的悲观，恰恰反映出新生代农民工和第三代农民工在就业模式上的代际转型。他们求职时不愿意扎堆于劳动密集型行业，从事他们的父母辈那样在城市里"低端"的重体力活，而是更多地选择灵活就业，比如做外卖骑手，或者别的临时性的服务行业等。过去那种用工方到劳务市场喊一嗓子就有人跟着走的情形，现在已经很难再见到。

但由于新一代务工者依旧缺乏必要的劳动技能培训，无法胜任复杂的技能型工作，因此不得不频繁地更换工作，从而导致出现"短工化"的务工趋势。我们清华大学社会学系曾经针对农民工就业中的"短工化"现象做过一个调查，发现新生代农民工的年龄越小、一份工作持续的时间往往就越短，换工作频率也越高，甚至还会出现"日结工"的工作模式。[1] "短工化"的务工者缺乏稳定的专业技能训练，不利于自身人力资本的积累和未来规划发展。此外，离职换工的频率过高，也难以在工作场所中形成个人的社会圈子与人际关系，也不利于他们在陌生、疏离的城市社会生活当中，构建起他们迫切需要的社会支持网络。

模糊的怅望

20年里，北京发生了巨大的变化。

地理距离成为感受城市的第一个重要因素。对王师傅来说，在北京早期的打工日子里，印象最为深刻的就是在不同

---

[1] 清华大学社会学系课题组，《"短工化"：农民工就业趋势研究》，《清华社会学评论》，2013年第6辑。

工地与暂居的住所之间来回奔忙，前者意味着收入的来源和保障，后者则意味着较为稳定的落脚点。

北京的初印象就这样在荒凉与繁华中不断切换。四环外是荒凉的，和农村没有什么区别，当时出租屋所在的来广营一带甚至遍布着玉米地，中关村也远未成为今日高楼林立的地区；繁华则属于二环内的中心区，也属于地铁一号线。这条地铁线路横贯城市中央，连通东西两端，但单程所需的2元钱对王师傅来说并不是一个小数目——特别是在习惯购买公交车月票的情况下。与月票对应的，是公交车线路号的开头第一位，不同开头数字中仅有几趟是在月票功效覆盖范畴之中的，如果错上了其他数字开头的公交车，就需要另外支付票钱。因此，即使可能有别的线路能到达工作地点，王师傅和工友们也依旧倾向于坐熟悉的班次，避免在上下班途中产生额外支出。与通勤挂钩的当然是考勤，迟到误工是要扣钱的，不过，虽然王师傅的工钱精确到每天、每小时，但多数以年为单位结算，还时不时面临着被老板拖欠的可能。

交通之外，通讯也成为日常生活的一部分。BP机当时刚成为风尚，但如果要买一个，也是一笔不小的额外开销。放工后，王师傅常常跑到网吧消磨时间，不知怎么就被拉进了家乡的中学同学QQ群里，之后成就了他和妻子之间的爱情故事。我们可以很清晰地看到，网络通讯技术把这群来自乡村、进城打工的年轻人紧密地联系在了一起。

20年间，上述所有景象几乎天翻地覆。望京地区的房价已是不再能够轻易接近的数字，王师傅当年还想着："我花10多万在你这儿买这个破房子，才这么大，我买它干吗呀。我回家盖个别墅，我连装修下来才五六万，而且还是个别墅。"反而是拖欠工人工资、用于炒房的老板大赚了一笔；地铁线迅速铺满城市的各个区域，2元钱的单程票也被里程计价取而代之，公交车月票更是早已不见踪影；BP机的时代很快结束了，手机变成了标配。产业上的变化也非常显著，几个老板不再能垄断行业，装修公司纷纷成立，工人们的待遇有所提升，因为人手不足，一个工人如果不主动提出休息，可以一个月做满30天的工，也不愁找不到活干。

那时的王师傅，就想着回老家盖个房，在家娶媳妇："你一个月才挣一两千块钱，你花那么多钱在这儿买个房，买完之后你平时在这边住着，过年还得回去。"可是20年后，王师傅却发现想要再回去，已经变得越来越难：

> 我在北京待长了，现在回老家，冬天回去不习惯了，夏天回去也不习惯了。我们安徽那里冬天是没有暖气的，回去比较冷，待得不太习惯；夏天比较闷热，不像北京这边干热，而且蚊虫特别多。这几年你要说蚊虫，我们刚来北京的时候真的发现北京没有蚊子，不用蚊帐，根本就没有蚊子这么一个物种。

回不去，不仅是因为生活习惯上已经难以适应的气候，家乡巨大的变化也让记忆里的故乡变得越来越模糊。20年里，高铁逐步开通。王师傅记得高铁刚刚通车的时候，自己用的手机尚没有地图导航的功能，有一年回乡过节，下车后茫然四顾，一时间竟找不到回家的方向：

> 家乡发生了巨大的变化，找不到回家的路了，回去以后下了高铁站不知道家在什么地方。特别是2004年还是2005年的时候，因为我们家原来是在马路边，两边都是树，那年村里着了火，树没了，之后回家就找不着家了……大概知道（家在）哪个方位，有时候你在车上一坐就直接坐过了。真的是，不是我一个人，我们那会儿好多人在北京打工，回去都坐车坐过了。
>
> 2008年之前好像没什么感觉，2008年之后真的是一年回去一个样。路修得宽了，然后每年回去好多人家都盖了新房。我现在一年里就是过年回去一次，放暑假的时候有的时候会带着孩子回去。基本上，回去只能见到父母或者是长辈在家。现在农村的劳动力真的很少，村里面和空村差不多了。我就想，如果我要是连着三四年不回去的话，估计又找不着家了。
>
> 我们每年回去之后，之前曾一起上学一起玩耍的小伙伴们，有几个还留在村上，见到了之后还能知道叫什

么，能认得出来，问完好后，就感觉没有太多的话可说了，大家只能喝酒。其他的小伙伴们，大部分也都外出打工，回来后好多人的样子都变了，还真不容易一下子就认出他们。这就是回家后比较尴尬的一个事儿。

回家的王师傅，已经和当年一起在家乡的田野飞奔玩耍的小伙伴们进入了不同的世界。与其说这是熟人社会到陌生人社会的转变，倒不如说是当个体于异乡漂泊时，故乡本身也在流动着。每一次的返乡，踏入的都是另一条河流。

席慕容在小诗《乡愁》里这样写道：

> 故乡的歌是一支清远的笛
> 总在有月亮的晚上响起
> 故乡的面貌却是一种模糊的怅望
> 仿佛雾里的挥手别离
> 离别后
> 乡愁是一棵没有年轮的树
> 永不老去

好在王师傅一家在北京的漂泊，因为"老太太""老爷子"在，就有亲人在。

"老太太"的母亲去世时，"老太太"曾经跟王师傅的儿子说："等我们老了,就把这套房子给你。"这套房子在北京的三环边,按照现在的市价,是一笔天文数字。孩子当着奶奶的面,没有说话,回家后告诉爸爸,说自己不能要,因为那房子不是他的。王师傅听了很欣慰,告诉儿子,他们坚决不能要:"我们搬过去住,就是你给钱了,别人会怎么说?不合适。我们租房子上哪儿租也是给钱,住得最起码心安一点。"

"但我们要给老太太养老送终。"王师傅如是说道。

2000多个日夜

在一处建筑工地,我见到了水电工小傅,他正坐在建材板上休息,我们寒暄了起来,他突然蹦出一句:"你永远都不知道,意外和惊喜哪一个先来。"

小傅今年30岁出头,老家在重庆的乡下,15岁半就出来打工学手艺,第一站是广州。他在工厂里尝试过好几份工作,从手工编织到看库房、铺砖,最终定下来要学水电这一行。他把这表述为自己喜欢有挑战性的工作,喜欢新鲜的人和事。一开始学徒的时候,一个月工钱只有450块,一天15块钱,那时候的梦想是一个月能挣上1000多块就很满足。17岁时,他来到福州,在当地的供电局做了两年电工。两年后,他进入一家大型的建筑工程公司,专门负责厂区的水电活,全国各地只要有工程开工，就跑过去做。2008年，在QQ聊天的时候认识了后来的妻子，尽管当时对方的父母反对，觉得两人一个在北方一个在南方，又是网恋，这日子要怎么过，两个年轻人还是领证结了婚。妻子当时正在北京打工做销售，他为了和妻子团聚，就辞去了建筑工程公司的工作，来到北京和妻子在一起。

北京的条件更加艰苦，小傅和妻子在大兴租了一间只有22平方米的民房，租金每月180元，但两个人在一起，小家庭的生活条件也逐渐好起来。特别是有了孩子后，小小的出租屋里每日都充满了各种声音，显得很有生活气。他们没有像其他人一样，早早地就把孩子送回老家，而是妻子主动辞了工，负责在家全职带娃，小傅则在外面每天早出晚归，做水电工赚钱养家："当我结束了一天疲劳的工作回到家里，感觉有孩子、媳妇儿在身边围绕着，坐在那儿跟孩子聊完天，哄孩子睡完爱人也休息了。（对于生活）我很满足。"等孩子在北京上完幼儿园，他们才把孩子送回老家，妻子则继续在北京家里待着，洗衣做饭，照料小傅的生活起居。

没承想，意外来得太快。

> 媳妇在走之前，我这一辈子人生犯下过大大小小的错误，可是这个错误却是我一生中最刻骨铭心的一个。

2019年5月1日过劳动节的时候，我丈母娘手摔断了,我媳妇就回去伺候她妈,伺候了有一个月,刚好差不多是5月28、29日回了北京。6月1日我妈上山去摘花椒,又把腿摔折了,那是我的亲妈。然后我媳妇说好事成双,不能落单了,她就又跑到我妈那里照顾我妈,到6月底的样子才回北京。7月孩子放暑假,来北京待了2个月,到9月份回老家上课,我媳妇也回到老家。因为孩子开学了,在那儿待了有一个多月陪孩子,差不多过了国庆才回北京。

到了11月秋天,她的爹妈要盖新房子,准备来年的腊月初五搬新家,她就准备回家陪爸妈两个月,一直到过年。我说你这么早回去干吗,要不等着我过年停工的时候一起回去。她说她非常想回去,我说那行,你回去,我就让她回去了。

回到老家之后有10来天,她人就不舒服,去看病、打点滴,打完点滴就说好些了,我也没有太在意,以为就是一个正常的伤风感冒,或者是哪里有点不舒服。又过了几天,我老丈人看她特别地不舒服,就知道事情可能不对,就把她送到镇里的大医院去检查。老丈人给我打电话,说恐怕人不行了。当时把我吓蒙了,赶紧再让他们送到市里的医院,一看就说是糖尿病转为心肌梗死和肾衰,直接进了重症监护。

我打电话问医生,那这个治疗怎么做,医生说,有可能人财两空，但是救不救看我，我说那当然救。哪怕说我把现在所有的钱全部花了，哪怕我把房子卖了，我也要去救她。

后来辗转打了15万，基本上在医院里是三四天就5万，重症监护，我老丈人在医院里给我打视频电话，说非得要我回去，那时候我就感觉到事情真得非常严重。当我连夜从北京坐飞机往那儿飞回去的时候，都没赶上见她最后一面。真的都没赶上。

她走的时候，当时我站在那儿，整个人感觉天塌一样，我说这是不可能的事情，太不可思议了。但现在这个事情已经发生了，我们都是活在成年人的世界里，这也是大自然的法则、也是它的规律，任何一个人都逃避不了，或早或晚的一天而已。当时我就是这么想的，我只能冷静下来，告诉自己我要克制，时时刻刻都要保证自己有一颗清醒的头脑，后续我该怎么样去做这个事情，不懂还得去问。

我记得要埋她的时候，他们村里边的人过来找我，他们说你这个必须得拉去火化。我说我也不懂你们那边的风俗习惯，那这样，我一会儿问一下老丈人。我老丈人说了，意思要我去村里面打点一下，我就明白是什么意思了，我就立马跑到他们村支书那儿去说，你们说需要多少钱才可以？不要拿去火化，我想让她安安静静地走,人都走了,我不想让她再去遭那份罪,你就说多少钱。他们不敢说,我就很直白,咱们就来点实打实的,别来虚,给你5000行不行?当时办公室里面坐了3个人,5000,他们3个人可能不行;我说给你1万,也不行。我最多给你们15000,你们一人5000。要不行我把人拉回老家。后来这么一说,他说你自己家的事你自己看着办。就花了15000才没拉去火化的。

在医院总共是花了18万,后来给她办一场丧事,又花了7万,一天1万,一共办了一个星期。当时我丈母娘和老丈人也跟我说,你把钱留着,毕竟你还年轻,万一还要再讨一个(老婆),不得花钱吗?

我说媳妇她生前没用,死后我就给她用了,因为这是我们共同的钱,我要对得起她。我老丈人丈母娘,现在我们都一直有来往,逢年过节要打电话。当时我办丧事的时候,我就对他们说了,我说本应该是她尽孝孝敬你们二老的,但是现在反过来,让你们白发人送黑发人。今后如果你们二老有什么,无论是经济方面的,或者是在其他有需要的地方还能想起我,到时候尽我最大的能力来提供给你们,她没尽到的这个孝道我替她尽。

说实话,她走之后那两年多,直到现在,我心里面还没有真正走出来,毕竟两个人共同生活了9年,2000多个日日夜夜同床共枕,你说能忘掉吗?没有血缘关系，不亲现在都已经亲了。她走的时候是2019年11月26号，农历十一月初一。我说了，在我一生当中，我犯下过大大小小的错误，这个错误将使我悔恨终生。

和我的交谈中，小傅反复把妻子的过世归为"自己的错误"。妻子去世后，小傅有一年多都没再接任何工程，花完了所有的积蓄，最穷的时候身上只有不到500块钱。后来回到北京，在两人的出租屋里，看着冰箱、空调、洗衣机这些当年和妻子一起逐个添置的家具物件，就想起生活里过去的点点滴滴，几乎没法一个人在房间里待太久。于是他才继续回去上工，恨不得天天住在工地上，不想回家，一个人面对空荡荡的房间。

在他过往的人生里，关于死亡的另一段刻骨铭心的记忆是父亲的离世。他的父亲在他很小的时候得了食道癌，整个人因为吃不了东西而极度消瘦，手能摸到骨头的那种状态，最后坐在椅子上，痛苦地离开了人世。每当想起这个画面，小傅就感到眼前一片黑，痛苦、无助，觉得自己什么也做不了。妻子生病后，他拿出所有的积蓄去救治，希望可以出现奇迹，但是依旧无力回天。那种深深的无助感再次涌上来，还夹杂着自责，在很长一段时间里都缠绕着他：

> 说起我太太，我在人生中真的感觉到了什么叫责

任、什么叫承诺、什么叫担当。那时候我和她相识、相知、相爱，从一无所有打拼到现在。所有我这一生的经历，本不该经历的事情，逐一让我尝了一个遍。

这个事情也有我的一部分责任在里面，因为她这些年在这边，有时候她说不舒服了，我也没有在意。如果我当时放下手中的工作，结局也应该是改变不了的一个事实，（但）对于我的良心上稍微要好受一些。

面对生死，个体是无力的。妻子的骤然离世，和童年时父亲的逝世，都构成了小傅人生无助感的一部分，用小傅的话说："我感觉生活有一丝寒凉。"

面对疾病，打工者又常常是忽视的。小傅妻子突发的重疾，是否在之前的生活里，因为各种忙里忙外的辛苦操劳，其实早就已经有了身体上的征兆，但是全家却一直没有当回事，导致错过了最佳的治疗时间？

在本书第一章里，我曾经介绍过我做的一项关于城市外来农民工工作、生活状况的深度调查。这项调查就发现，外来打工者对自己健康情况的自我评估与处理应对方式，表现出了较为被动的态度。在患病或受伤时，他们很少去就医，多数选择自行吃药或硬撑。在一个月内曾经得过一些小病的被调查者中，有50%选择"自己买药吃"，35%选择"挺着"，仅有15%会去医院看病。而在处理日常感冒等病症的方式上，仅有一成左右的被调查者选择"去医院看病",大部分则倾向以自行购买药物和无诊断自愈的方式等待康复。打工者普遍轻视个人健康的行为背后,固然有健康意识层面的不足,但更为重要的是,他们在城乡流动中缺乏必需的基本医疗保险,导致这一群体看病更难、更贵,从而更愿意选择自己"挺着",能省一点是一点。根据国家统计局公布的《2014年全国农民工监测调查报告》,农民工参加医疗保险的参保率仅为17.6%。[1]因此,如何将政策覆盖到需要参加城乡居民基本医疗保险的农民工群体身上,是在政策层面需要高度重视的问题。

横平竖直

水电工是一门技术活。装修工序里,第一道就是水电的施工,要先在墙体里预埋不同规格的各种水电线管和套管,之后才是瓦工、木工、涂料工的活。

---

[1] 国家统计局每年会公布一份全国农民工监测调查报告,最近的调查报告为2020年。关于农民工参加"五险一金"的参保率,最新的一份数据来自2014年。2015年至2020年的监测调查报告,均没有出现这一组数据。根据2014年的报告,农民工"五险一金"的参保率分别为:工伤保险26.2%、医疗保险17.6%、养老保险16.7%、失业保险10.5%、生育保险7.8%、住房公积金5.5%。参见国家统计局,《2014年全国农民工监测调查报告》,2015年4月29日,http://www.stats.gov.cn/tjsj/zxfb/201504/t20150429_797821.html

水电工的学习主要来自不断上工的技术积累，鞋厂、制衣厂、冷冻厂，从厂房里的那套流水线水电，到办公室、宿舍的消防、下水、排污水，再到在外面爬电线杆架外线，和水电相关的所有活小傅都干过："我学的是整个一套系统，什么样的角色我都干过。"

水电工的工作时间需要进行合理规划，把有声音的活安排在不太打扰居民的时间段。小傅通常5点钟起床，6点骑上电动车去工地，7点抵达，然后根据工地情况规划施工安排，在工地上度过整个上午，中午简单吃一点之后继续调整方案，往往到晚上10点才能回家歇息。

同是水电工，内部也有很大不同。做工程水电的师傅，就更善于看施工蓝图，在建筑主体浇灌楼盘之前，对墙身的大小位置有充分的了解；而做装修水电的，则更关注强弱电的铺设交叉处理以及电与水的尺寸。即便同样是做工程预埋水电，不同的建筑工程，也因流水线的规格和设备的要求而有很大的差异。小傅就告诉我：

> 从一块荒地开始挖地基，建起几十层高楼，第一步就要做防雷击接地。每一根柱子相连，连接起来跨接地线，最后到封顶的时候有一个避雷针，你们看到那个房顶有避雷针，打雷下来它直接传到地底下去，保护整栋楼的安全。从搞预埋、穿线，再到安装，这也叫水电

工。做鞋厂的（流水线水电）也叫水电工，你叫做鞋厂的去做制衣厂的水电，他可能就不会，因为他们的流水线上好多机器设备不一样，多大的机器就得用多大的电缆，都不一样。

我一开始学的时候，就拼命看平面图、强电图、弱电图、电气总图，我那时候几乎每天晚上12点才睡觉，每天晚上我都看各种图纸。说难听的，我的文化程度有限，只能死背硬记，26个英文字母那时候我都不会，可能知道ABCD，后面的EFG什么的，它认识我，我不认识它。后来我就靠死记硬背，死磕、看施工蓝图，后来慢慢能看懂了，我也知道这个事情怎么去做，怎么样去规划。

每多接手一份活，小傅的技术水平就会提升一层，慢慢地，也开始带起了徒弟。小傅带徒弟，强调"横平竖直"："水电行业最入门的基础，就是讲究铺设管道线路要横平竖直。只有有了这个前提，才可以有后面的随机应变。"[1] 在小傅看来，很多书本上教授的知识点，学徒的时候光靠死记硬背是很难

---

1 水电施工时，水路只能横平竖直，因为水路使用弯头连接，弯头是90°，接出来的若不是横平竖直的管道，受到扭力会变形；电路理论上是可以走斜线，但电路横平竖直，会更加方便记录线路的位置，出现问题时便于后期的排查和维修。

真正理解的，只有亲自在现场实际操练一遍，吃一些灰、碰一些钉子，才可以记得住。小傅的徒弟们因此都很服他，师徒关系相当融洽：

> 做任何事情咱们不能昧着良心，得凭着良心去做。我有一个徒弟就跟我说，良心值多少钱一斤？我就对他说，他现在把衣服裤子脱了，一丝不挂到马路上去跑一圈回来，我给他1000块钱，他说那哪行，面子不能就值1000块钱啊！我说，那他觉得面子值多少钱一斤，良心就值多少钱一斤，面子和良心对等的。这种东西跟他这么一说，他就明白了。
>
> 我平时还对我的徒弟们说，走到哪儿都要承担一份责任。现在有两个在深圳做工程，做得相当不错，也是实打实在北京跟我一起4年左右，这里面摸爬滚打，我带了他4年，学会了之后去深圳自己包工地。他们现在时不时地逢年过节给我发信息："新年好，师傅。"中秋节到了他们也会问候我，我说只要他们好就好。像我们很多东西都是现学的，不是靠书本上来的。

水电工这一行，也有很大的风险，有的时候甚至会危及生命。两根火线380瓦，一旦碰撞，一瞬间冒出的电火花，会让眼睛在至少5分钟时间里什么也看不到——小傅就碰到过好几次，眼睛一片盲视，就好像失明了一样。还有一次，在深圳工地上，对方因为没有及时拉闸，他的手被电到，当时手上一块肉整个被打掉，骨头都露了出来，花了很长时间才恢复。现在他手掌的中间，还留有一道清晰的伤疤。而更多时候，是在没有任何安全防护措施的情况下，在建筑工地的高处作业，往前多迈一步，就会是万丈深渊。小傅说，既然选择做了水电工，安全的保证是无法指望他人的，只能依靠自己的小心谨慎，因此在带徒弟时，他也会反复强调对个人安全的重视。

我好奇地问小傅："你因为喜欢挑战性的工作才选择做水电工，那又是因为什么才一直坚持到了现在？"

小傅不假思索地告诉我，他喜欢做任何事情都提前做好规划，有了规划，人生才值得珍惜：

> 就像我15岁半出来学手艺的时候，我自己心里就有一个规划，到多少岁应该谈婚论嫁，到多少岁应该学好一门手艺。我从接触了（水电）这个行业之后，打算在一年或者是一年半之内，把这个手艺全方位地掌握，掌握完了之后就要开始学会怎么管理、怎么做工程预算。说都是这么说，过了今天有明天、过了明天还有后天，我试问一下，人一生有几万天？经得起我们这么挥霍吗？掐指一算这个数字真的很惊人，我都不敢去想。

我就按现在的年龄，在不出意外的情况下，我还能吃50次年夜饭，看15000多个日出日落，就可以和这个世界说告别了。其实在世界上真正属于你我的东西都不多，就连我们最宝贵的生命，如若不好好珍惜，都会离你而去。

心是无价的

在妻子走后20多天，小傅做了一个梦。在梦里，妻子告诉他，你可以再婚，前提是必须得对孩子好。这个梦小傅到现在都记得。

小傅还记得孩子刚出生的那会儿，妻子坐月子，他如何自己一人全程照料。他自己承认，孩子让他改变、放弃了很多过去的爱好。年轻的时候，小傅隔三岔五就跟玩得好的朋友一起去蹦迪、去网吧，但是自从有了孩子，他感觉到了自己的责任，除了工作，其余时间都在家里：

> 孩子是在北京生的，伺候月子都是我自己一手全程照料。伺候的那一个月也是给我深深上了一课，比上班还累，那真叫起早贪黑。一天里的做饭、给孩子洗尿不湿，全部都是我一个人干，还得喂奶粉。我超负荷工作，一天得工作16个小时。孩子白天呼呼大

睡，到晚上你想睡觉的时候他就不睡觉了，你得找个人陪他，你不陪他，他今天晚上没有事做，怕吵到隔壁邻居，只能陪他。你只要稍微眯着眼想睡会儿，超过10分钟，他就开始叫唤，一叫你就醒。那时候媳妇坐月子，我有一天晚上实在不行了，就对媳妇说，你帮我顶两三个小时，让我缓个精神，你先看着他，要不然他老哭、老闹。

那时候正好是夏天，我家孩子是农历四月初五生的，北京这边的夏天也不炎热。我每天早上4点爬起来开始给孩子洗尿不湿，一洗就是大半盆，要洗一个多小时。一开始用洗衣粉给他洗，后来邻居看见了就说不行，那个玩意你用了它洗不干净，对婴儿的皮肤不好。后来我说那用啥，她说得用雕牌的肥皂，一点一点抹了肥皂上去再用手搓，才能清洗得干干净净。我说那也行，就去买。没想到那个比洗衣粉麻烦，洗衣粉一搅拌就行了，那玩意得一个一个尿不湿地整，可麻烦了。别人说的肯定是为了我们好，毕竟别人也是上了年纪经历过的人，我们没做过，就照她说的那样去做好了。

6点菜场开始营业了，我要跑出去给媳妇买菜。比如今天买一只老母鸡回来，弄干净后给她炖老母鸡汤喝。坐月子的人不能吃得太咸，得清淡一点；她还不能洗澡，不能看电视，讲话声音也不能过大。今天给她炖了一只老母鸡，明天就不能吃老母鸡了，得换一个吃，比如换猪蹄，又给她买了猪蹄回来炖；猪蹄吃完了，又买鲫鱼，鲫鱼回来给它清炖；又买了一个鸽子，营养价值也挺高的。反正同样的东西不能让她天天吃，得轮班来，这样才有食欲，对她身体才有恢复。不可能说哪个大补，你就天天指着那一样吃，那也不行。"

小傅的儿子现在已经 11 岁了，在老家读初中。小时候在北京，都是妈妈每天带着他，陪伴他长大。被送回老家后，每年妈妈也都会回来陪着他好几个月，而不是像其他在外打工的父母，每年只能在过年的那几天回来。母亲的突然离世，对他打击很大。儿子明确地表示，不愿接受再有一个"新妈妈"或者"阿姨"。小傅也曾经试探着跟儿子提过一次"再给你整个妈妈"，儿子立即脱口而出："她如果再死了，是不是还得让我去跪几天？"儿子的极力抵触，让小傅一直到现在都不会刻意去谈一个异性朋友。在小傅看来，他现在的最大责任，"（就是）把孩子带好，把他抚养长大，我爱人她将来肯定是不知道的。这是我的一份责任"。

6 月底的期末考试，儿子考了全年级第一名，老师专门发短信告诉小傅，表扬了他儿子。他把老师表扬的短信截了图,发给我看,言语中透露着骄傲。关于儿子未来的人生发展,小傅说他只能从旁辅导:"好比我们驾驶一辆车,在路上的时候,我只能把控大方向,不会让你有太大的误差,跑到别的道上。如果今后他上大学了,我会跟他说,一定要选择一个属于你自己的爱好,不要为了一纸文凭而做不喜欢的事情。你喜欢做什么,尽力而为去做,做到了,那是你的;实在不行,你还是得面对现实的生活。"

我问小傅:"那现在,你自己的现实生活又是什么?"

小傅很坦诚地告诉我:"我曾经跟我爱人说过,我不能给你大富大贵,但是我给你的承诺是,能保证你这一生衣食无忧、粗茶淡饭。我也给她兑现了。在当今这个社会,你有钱可以买到真正的奢侈品;但是有金钱,也无法买到一个真正惦记你那颗心的人。有一个惦记你的心的人,是你的骄傲,也是你的自豪。心是无价的。"

我接着追问:"那你觉得内心里面最害怕什么事情?"

小傅深思了片刻:"我现在吗?要真的回答这个问题,还不好回答。就像我这个年纪,本不应该我经历的事情,逐一让我尝了一个遍。脏活、累活我都做过;最低谷那时候,露宿街头我也有过;生离死别我经历过,在我最艰难的时候,我也熬过来了。我一生经历了大灾大难,好多事情。我还有什么好怕的?"

马桥青年

一些新生代农民工所选择的日结零工,作为一种非正规体制内的临时用工制度,实际上直到最近几年才慢慢进入公众的视野。

2018年,日本NHK电视台制作了一档纪录片《三和人才市场·中国日结百元的青年们》,让大家认识到栖身在深圳市三和人才市场附近的一群打工者。这群打工者居无定所,以日结薪资的临时工为生,常常身负债务,与家人鲜有来往,"做一天可以玩三天",所以自嘲为"三和大神"。2020年,一本《岂不怀归》的社会学田野调查,带我们更加深入"三和大神"的内部,全景式地展现出他们的生存空间、活动轨迹与典型样貌。这一部分农民工边缘群体成为工业化、城市化制度安排之下可被替换的零件,而他们借由消极的抵制,甚至"混吃等死"而逃避现实、形成聚集的城市底层社会,展现出在脱离社会主流体系后的集体疏离和身份缺失。[1]

在北京,同样存在着这样的日结零工,他们自称为"马桥青年"。

"马桥青年"聚集于北京市通州的马驹桥。说是通州,更准确地说其实是通州与大兴交界的地方。马驹桥紧挨着大

---

[1] 田丰、林凯玄,《岂不怀归:三和青年调查》,海豚出版社,2020年。

兴的亦庄（现为北京经济技术开发区），凉水河穿过这块首都远郊的飞地。[1] 在这片如同四线县城模样、甚至比之还要破败的区域当中，隐藏了一个非正规的大型劳务市场。在20世纪90年代全国性的人口流动大潮当中，马驹桥作为亦庄新建工厂的"桥头堡"，拥入了最早的一批外来务工人员。作为劳动力集散地与城中村，马驹桥为他们提供了在北京的一个落脚之处。形形色色的廉价旅馆、廉租房伴随着外来务工人员的拥入在这里遍地开花，从而形成了一片社会治安盲区的棚户区；劳动力市场和劳务集散活动，则在马驹桥的棚户聚居地附近展开。

马驹桥可以说是北京最大的日结工聚集地，和深圳三和人才市场合称"南三和、北马桥"。根据《北京通州年鉴2020》公布的数据显示，马驹桥镇常住人口5万多人，流动人口则达到15万余人，是常住人口的3倍之多。[2] 镇上密密

---

[1] 马驹桥同亦庄相伴相生，但二者差异较大。亦庄作为北京市发展规划的重要组成部分，享有较多的政策支持，覆盖上下游产业链，北京经济技术开发区亦位于这一地区。亦庄的发展产生大量的廉价就业岗位，对于廉价劳动力的需求较高。而一路之隔的马驹桥，则承担了"房价洼地"的角色，为此地的劳动力提供低成本的容身之所。

[2] 参见中共北京市通州区委党史工作办公室、北京市通州区地方志办公室，《北京通州年鉴2020》，方志出版社，页408。而根据2020年11月进行的北京市通州区第七次全国人口普查的数据显示，马驹桥镇常住人口为17.58万人。此次普查未登记流动人口数目。参见北京市通州区统计局、北京市通州区第七次全国人口普查领导小组办公室，《北京市通州区第七次全国人口普查公报》，2021年6月23日。

麻麻分布着物流仓储中心、糕点厂、服装厂、印刷厂、冷库、电子厂等,用工需求量大,从而导致这里的外来人口劳务市场,具有显著的非正式、低技术、短工制的基本特征。

马驹桥大规模的劳务集散形态,是位于棚户区附近的马路劳务市场,即便在马驹桥的许多路旁,都有形式相对正规的招工中介、人才事务所等门店。政府实际上并不准许非正规招工,但这一非正规的马路劳务市场形态,在马驹桥依然是占据主流的招工模式。马路劳务市场的招聘工种,往往是那些在工厂的流水线末端、不需要专业技术或技能就能执行的低端体力劳动,理论上几乎所有的外来工人都能胜任,只有那些搬运重物、拧瓶盖等较费力气的活一般不会招女工。

这里最常见的工制是日薪制。清晨,招工者在路沿完成招工之后,便开车将工人拉往工厂上班,当日招工、当日上工、当日发放本日工资,雇佣关系只持续一天,当日解散。相比之下,周结、月结反而成了特殊的工制,相比于日薪制结算并不常见。双方并没有纸面的正式劳动合同,而是检查证件、口头约定工资和工时,工人和招工方达成一致后,便上车拉去工厂。

"日结工"是新一代外来务工者"短工化"就业的最极端形态。这就意味着,日结工在一日一变的工作场域之内,几乎不可能建构起自己的社会支持网络作为自身的社会资本;自己的工作任务与要求也处于每日更替的状态,这使得作为人力资本的工作技能几乎不可能得到有效积累；而单日之内结束的雇佣关系，更意味着劳动者不可能在用工单位完成升职，只能做完规定工作按时下班，几乎看不到任何个人发展的可能性。[1]

"日结工"从一开始就明确了雇佣关系只存续一天，因此，"短工化"农民工的就职、跳槽策略，对于"日结工"而言是不适用的。那么，长期逗留于马驹桥，选择日薪制务工的劳动者，是出于什么样的考虑，或是采取了何种策略，才选择了"日结工"作为自己的工作模式？他们为何甘于"日结"，而非做其他的就业打算，甚至离开马驹桥？

带着这样的研究困惑，我带着研究团队于2021年春天对这一地区做了一次预调研。我们发现相比《岂不怀归》中对"三和大神"群体的描述，马驹桥日结零工群体的构成更加复杂，既有类似"三和青年"的"大神"、工厂工人趁着工厂放假临时来打工，也有希望来北京发展，把这里当作临时跳板的青年。

大部分"马桥青年"的生活状态是，早上5点多流动劳务中介和固定的劳务中介已经开始在马驹桥商业街招人，"马桥青年"在马驹桥商业街吃过早餐，如果今天打算工作，就

---

[1] 关于日结工劳动体制的分析，参见黄斌欢，《从何而来的"大神"：日结体制与悬浮社会》，《社会发展研究》，2021年第4期。

会早早来寻找日结，反复对比后选择一家，上黑车进入工厂做保安，或者做其他非正规工作，从事着一天12小时200元左右工资的工作。午餐和一天的时间在工作地点度过，在这个过程中和工头、中介进行互动。晚上回到马驹桥，住在二三十元一个床位的小旅馆或者自己长租的廉价房，吃个晚饭或者去网吧打游戏。如果一天没有工作，就待在十字路口等着，关注着有没有既钱多又轻松的工作，偶尔和旁边的中介以及同样状态的"大神"聊天，周而复始。

日结零工的生存状况与流动的农民工还不完全一样，他们因为没有挣到钱、年纪大没有结婚、受到嘲笑等各种原因而不愿意返回家乡；同时，他们也不承担主流社会的养老等责任，甚至可以出卖自己的身份证和微信账号，彻底失去主流社会的身份和网络联系。他们主要以中年男性为主，互相胡侃，热闹地骂着不守规矩的工头，劝着别人别去干药厂拧瓶盖的活儿，因为会伤手，即便他们之前素不相识。这里也会形成比较明显的以乡缘纽带为基础的社会关系网。一位访谈对象就告诉我们："山西人比较恋家，我们村很多人都在这里。"

根据我们预调研的初步了解，马驹桥的日结工资一般在150元以上，比较耗费体力的苦活则可能有超过200元的日结回报。棚户区当中也有打金银首饰的店面在招工，标榜日结薪资500元，但可信度存疑，并且似乎需要雇工有专业的技能。按照这样的收入，即使加上棚户区附近并没有什么上档次的餐厅饭店，更多还是廉价的小吃店，开销很小，勤奋地干一年也只能攒几千块钱。一位被访者就诚实地承认："再待下去就废了。"

与此同时，我们还关注到马驹桥女性打工者的存在，她们的数量虽然不多，工作更不稳定，但却有着丰富而多样的故事。《岂不怀归》的一大遗憾，就是缺少对女性劳工的关注，性别议题在"三和青年"的研究中是缺位的。[1] 对于处于劳动力市场中弱势地位的女性农民工而言，她们的性别身份意味着他们在劳动力市场上面临着更大困境：一方面，在生活领域，她们有更多的家庭约束，需要承担生育、哺乳及家庭照料的责任；另一方面，在生产领域，她们受到更大的性别压力与歧视，在就业机会、工资报酬等权益上往往处于劣势地位。在预调研中，我们研究团队的一位成员做了如下观察记录：

> 直到下午，我们才偶遇了第一位在路口徘徊、看样子是要找工的女性，这位阿姨穿着蓝夹袄，棕色的中短发烫成细小的波浪卷，两条上挑的弯眉用青黑色画得整

---

[1] 关于"三和青年"性别/性方面的调查，可参见杜强，《废物俱乐部：三和女神红姐和她的男客们》，《谷雨计划—腾讯新闻》，2018年4月18日。作者杜强在三和人才市场深度调查40多天，记录了"三和"传奇人物红姐和她的客人们的故事。

齐。我向她搭话，询问女性在这里能找到什么合适的工作，她似乎不像之前的中年男人们那样热衷于给我建议，但却自然地向我透露了自己的一些信息。她晚上要做工，正准备回租住的房子拿趟东西，热情地邀请我与她同行，去家里坐坐。我要叫上同学一道，她还扑哧一声笑了，说她不是什么坏人，叫我不要担心安全。站在她400元钱月租的小平房前，我在心里把她透露的碎片化的信息串成一串：她没有做过日结工，但在朝阳区的一家餐馆做长期工；他的丈夫在马驹桥找临时工做，因为觉得临时工来去自由。她是为了陪伴他才一起租住于此的。

关于"马桥青年"的研究，我们还将继续下去。在《岂不怀归》的前言中，作者写道："对于三和青年而言，他们虽然多处于落魄的生活境地，但对外来研究者仍带来强烈的戒备和警觉心理，对任何外来者的接触、对话或访谈都非常抵触，毕竟他们也不想让三和之外的人知道自己的窘境。所以，研究三和青年只能通过长期不断的观察，才能获得想要的结果。"[1] 经过预调研，我们发现"马桥青年"们具有强烈的表达欲望，和"三和大神"有所差异，但是参与式观察依然是了解"马桥青年"生存处境，并且获取信任感以进入田野

---

1 田丰、林凯玄，《岂不怀归：三和青年调查》，页3。

的重要途径。

我们未来的田野调查,希望侧重观察田野范围内(特别是马路劳务市场)的社会景观、人员流动与集散轨迹、寻工者交流互动与社会关系网络、棚户区居住者的衣食住行、劳动中介店面的分布、公开/非公开的招工信息。我们还准备在各种招工微信群中收集每日招工信息、"马桥青年"的生活信息与互动内容,以形成对"马桥青年"个人背景、生活样态与社会互动的全面认识。

通过这一研究,我们希望可以深度展现出马驹桥这些日薪制劳动者的生存困境、工作模式和身份态度,从而进一步理解"进城""北漂"的外来农民工群体的生活实践模式,并经由这些生活实践模式,完成对马驹桥社会空间的搭建。在城市更新发展的进程中,农民工这一人数庞大的群体中的部分人似乎正在加速和主流社会脱节,从主流社会中获得情感、工作变得越发艰难,从而演化出他们独特的认知和行为。但是社会对他们的生活交往、工作形态却缺乏充分的关注。特别是在结构性劣势处境中,他们如何打破社会结构的束缚,更加需要理论的诠释和实践的研究。

我们希望,在政策层面上,可以为大城市流动务工人口聚居地的基层治理提供更精准的切入口,为这一务工群体提供更有效的劳动保护手段与社会保障措施。我们冀望政策方对于"外来人口"的粗暴清退,不至于第二次发生。

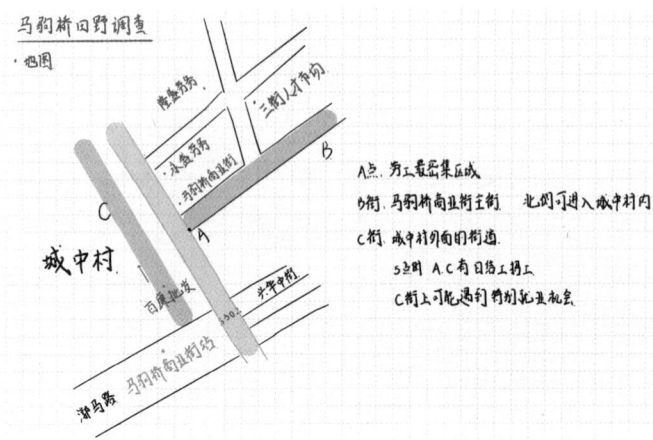

图 4-1 马驹桥劳务市场 何雪薇／绘

A 点为劳工聚集区域，早晨 4 点与下午 4 点时，大量劳工聚集于此找工作。

B 街道为马驹桥商业街的主街，主要服务于周边人口的衣食住与娱乐需求。邻近商业街聚集着三个城中村，多数周边流动人口居住于此。该商业街同时作为周边流动人口的劳动集散地存在，承担着工作集散的职能。该街北侧存在入口，可进入马驹桥城中村内部。

C 为马驹桥城中村外街道，西侧为城中村。

左手无名指上戴着一只金戒指,没有雕刻任何花纹

第五章

岔路口

严飞/摄

主人把一个家交给你，是对你的一种信任。人都是将心比心的，我尽力做好了，他们也看在眼里。有时候我做得不好，他们也会说两句。我没什么不高兴，他们也都没有恶意。人家每个月付你工资，说两句怎么了。大学生在公司上班，还得被老板批评呢。

宇宙中心

高齐还是决定来北京,即使他心里清楚,和在老家做小生意相比,这是更为艰难的一条道路。

这个决定是在从云南回家的路上做出的。去云南,是跟着父亲一起做小挂件批发生意。那几年生意难做,不仅没有赚到钱,还赔了一些。不论是前途还是"钱途",都好像看不到确定的样子。

25岁那一年,高齐把新婚的妻子留在河北老家乡下,只身一人来到北京。由表姐夫介绍,干起了房产中介。

他的第一站是五道口,这里被称为"宇宙中心"。

五道口原本是海淀区成府路与京张铁路的平交道口,是火车从西直门开出的第五个道口,因而得名。一开始,这里和其他道口一样平凡、默默无名。但在之后,这里聚集起多所高校、科研院所,近些年还迎来了不少全球领先的互联网公司和高科技公司,让"五道口"这个地方逐渐知名起来。

关于五道口"宇宙中心"这一称谓的由来，比较广为接纳的一种说法是，因为在这里的年轻人眼中，五道口是一个多元文化交融的地方。以清华、北大为首的多所知名高校在这附近会集，也使得酒吧、咖啡店、各式各样的餐厅、电影院、服装市场、路边小吃摊、网红餐馆、书店富集于此。年轻人在此地求学，有些人毕业后还留下来工作。也因此，五道口成了他们接触社会的起点，是他们对"宇宙"的全部认识，带着浓浓的情感归属和身份认同。

这里每天从早到晚都车水马龙，高峰时间段更是堵得水泄不通，除了鳞次栉比的写字楼和商场之外，还有每走上几百米就能见到的房产中介。粗粗统计一下，大大小小、连锁的或是独立小型的中介，有将近 20 家。随意走进其中的一家，业务人员都能流利背出五道口附近有哪些楼盘、有哪些学区房，有的甚至可以精确到该小区还剩下几个学区指标。

我初见高齐，是在一家地产中介门口。他身材高瘦，穿着略宽松、不那么合身的西装，狭长的脸型，颧骨微微外扩，羞涩、略带拘谨地询问我："大哥，您租房吗？这儿有几个房源不错，马上就能带您去看。"可能是害怕错过我，他迅速地端出了一听就是事先准备好的，已经说了无数遍的话术。

"起得比鸡早，睡得比猫晚"，这是大多数房地产中介从业人员的作息特点。根据《2020 中国房地产经纪人发展报告》显示，有将近四成的房产经纪人日均工作时长超过 10 个小时，而这一点在一线城市更为突出，工作时长在 10 小时以上的房产经纪人占比超过 50%。这组数据的背后，是有将近半成的成交客户在带看 5—10 次后才能成交，租房的成功签约率一般在 3% 左右，背后是超过 40 次的带看经历。[1]

刚开始，高齐作为这个行业的新人，连带看房的机会都很少，多数时候只能是站在路边，观察同行怎么拉客户和怎么与房东打交道。然后，一边在酒局上请教前辈，一边自己再摸索着挖掘房源，建立、维持客户关系。

高齐所处的五道口，房屋租赁、买卖的需求旺盛，与此同时，房产中介之间的竞争也非常激烈，有着自己的江湖规则。如果你带着陌生、打量的眼神走入一个小区，很快就会被三五个敏锐的中介"围攻"，他们能一眼辨别出谁是外来者，继而询问你的需求，在最短时间内，向你介绍一个听起来好像挺靠谱的房源。如果你不感兴趣地摇摇手，他们会很快四散而去，寻找下一个目标；如果你没有拒绝，表达出可以去看看房子的兴趣，他们就会紧紧抓住你的需求，个别的一两位中介还会低声把你拉到一边说："诚意租房吗？那跟我来，我有钥匙，他们没有。"

曾经有媒体这么评论五道口："没有阶级的社会，就是宇宙的中心。"然而，五道口一年比一年更高的房价和租金，

---

[1] 参见贝壳研究院，《2020 中国房地产经纪人发展报告》，2021 年。

让一些人不得不选择搬离,也让另一些人迫不及待地拥入。同时拥入的,还有更多的"北漂"年轻人,拿着传单,站在街头,加入到房地产中介的行业里。

经纪人

房地产中介这一行,房源和客户是人人都想打破脑袋争取的稀缺资源,除了靠时间和经验,也靠口碑、人脉的累积。中介的入行门槛不高,流动性却很高,主要原因是较低的社会认可度、不稳定的收入、部分经纪人的职业成长得不到很好的保障等,从业者也一直面对着巨大的生存压力。高齐告诉我:"做我们这个行业最少是半年起,能留住的就留住了,如果半年还挣不着钱,很多人就会着急转行。"《2020中国房地产经纪人发展报告》发现,2020年,全国房产经纪人中"90后"的占比超过一半,平均从业年限较短,超四成的经纪人从业时长不足一年。高齐在熬过了最初的新人适应期后,自己摸索着,坚持在这行做了下来,至今已5年有余:

> 我老家是河北衡水的乡下,大家都知道我们那儿对教育特别投入,但我小时候贪玩儿,学习不行,高中毕业后就没有再读书,跟着父亲在云南、衡水做点翡翠挂件批发的小生意。出社会几年后,才意识到教育的重要。

2015年的时候，我结婚了，在农村算是比较晚的。后来，我就来了北京打工。刚来的时候，住在西苑地铁站那边的一个城中村，租了一个房间，月租只要300元。那是我第一次和家人分开来到大城市，人生地不熟。高中毕业后一直跟着家里人，没上过班，也没让别人管过，开始非常不适应，但各种规章制度该服从得服从。比如，每天必须穿整套西装、打领带。

　　刚做这一行，没有人教我怎么做事情。天天晚上请人喝酒，请教前辈，搞好关系。白天就站在大街上招揽客户、发传单。看见谁（其他中介）跟客户看房子，人走了，赶紧上前问问，是不是租房。一空下来，我就在那一带的小区里到处走，熟悉环境，时间长了，我就把五道口的几个小区房源摸得很清楚。刚开始的时候，我底薪很低，只有1500—2000元，我记得第一个月挣了2000多，第二个月好像是3000多，后来慢慢才多起来。在北京这样的大城市，永远都有租房的人，只要够努力，单子就会慢慢多起来。

　　我们这个行业虽然很辛苦，但客户只要觉得你服务到位了，一般不会太为难。很多房东觉得我原来那公司小，不信任，不给带看房。我就想办法敲门去，自己掏钱给房东买水果、买饮料，前期该付出得付出，慢慢放下了戒心，才同意把房子给我们带看。有一次，我负责租出去的一套房子里洗手间地漏堵塞,房东没有找维修人员,转头就和我说,不管怎样,你必须负责帮我搞定。房东觉得把他房子让我帮忙出租,已经付了中介费,那就方方面面都得服务好。我只好带着工具上门维修。那是一个冬天的晚上,从晚上8点多到12点多,我一直蹲在厕所埋头修,连晚饭都还没来得及顾上吃,第二天起床,腰痛得都直不起来。没办法,谁让我挣他这份钱呢。

来北京的前半年里,高齐一天的安排除了睡觉,就是工作,几乎没有自己休息的时间。随着业绩慢慢好转,收入逐步增长,他终于改善了自己的租房条件,从月租300元的城中村民房,换到了五道口附近的一间三居室,和其他人合租,月租2000多元。2016年到2018年,高齐先后迎来了他的两个孩子,并且带着老婆和孩子来北京团聚过一段时间。成为父亲让他深深感到"干着有劲儿",与此同时,赚钱的压力和责任也增加了。于是,高齐决定离开工作了3年的小中介公司,跳槽去了一家连锁型的大中介,试试能不能有更好的机会,积累更多的资源。这一步,终究还是走对了,"大平台的挣钱机会还是多一些"。由于肯吃苦,业绩排名靠前,10个月以后,他就升职做到了店长:

>我一般早晨8点半去上班，晚上下班没点，正常8点下班，但是经常会到九十点以后。我记得有一次客户加班到八九点以后才有时间过来看房，不可能一套房子看完就能定，他还需要对比三五套房子，确定了房子，还得去跟业主去谈价格、租期、付款方式，谈完都已经凌晨2点多了。顺利的，谈两三次能成功。困难的，可能得一个月才谈成。

做到店长后的高齐，在这行深耕了下来。2019年，他离开连锁的中介平台，和人"合伙"开了一家小型中介。说是"合作"，其实是别人带着本金开店，他带着自己的经验和客户资源作为"技术入股"，主要帮忙招聘、管理店里的其他中介，拓展新的客户资源。他所在的中介公司，从最初只有4名员工，慢慢扩增至十二三名。刚刚迈入正轨，有了起色的时候，没想到不久之后就遇到新冠肺炎疫情的暴发，这对整个房地产行业都产生了巨大的冲击，高齐也顶着前所未有的压力：

>那段时间不开单，业务不挣钱，还要交着房租水电，保持给员工的最低薪水，每天看着账上的钱哗哗地少。我坐在店里，一坐就是一整天，都没有一个客户走进来问房子。员工的离职率相当高，好几个刚入行的年轻人坚持不住了。怎么办呢？他不挣钱，你还得哄着

他,该吃饭吃饭,该团建团建。差不多一年后,整个行业才终于回暖了一些。

疫情的时候,我好多同行都没有挺住。有人转行,也有人离开了北京。疫情对我们这行的影响,现在还是挺大的。只要一有零星的病例冒出来,疫情防控一升级,很多人出于各种原因来不了北京,或者在家隔离了,来看房租房的人就会急剧减少。像前段时间附近发现两例确诊的之后,我们半个多月的生意都很冷清。

在大家过去的观念中,房产中介非常草莽江湖,有着"唯利是图、弄虚作假、坐地起价、低素质"的印象。大家对他们的普遍诟病是,网上房源信息杂乱,假房源多;房子交易出现问题后,得不到及时解决,等等。甚至有人开玩笑说,没有经历过从黑中介租房的,不算一个真正的"北漂"。

然而,随着国家对房地产中介行业的严格管理,行业的专业化分工越来越明确和成熟。再加上这些年"互联网+"房地产模式的介入,在诞生了几家头部平台后,房产信息不对称的问题得到极大控制,交易逐渐公开、透明化,收取佣金的比例也有了行业标准,并在大型连锁的房产中介内率先被严格执行。国家住建部对"黑中介"的打压力度非常强,促使整个行业走向正规、有序,房产中介的角色也逐渐转变为"服务者"。

高齐入行这些年以来,经历了中国房地产政策的风向转变。2016年12月,在中央经济工作会议上,首次提出了"房住不炒",之后针对房地产的政策始终围绕着维稳、有序健康发展。从中国城镇化进程来看,"十四五"期间城镇化水平将超过70%,预示着新房市场的增长会进一步下降,从而进入二手房交易、租赁的存量时代。而像北京、上海这样的超一线城市,将会比其他地方更早进入存量时代。

从农村初进北京的中介新人到大平台连锁公司里独当一面的店长,再到参与一家自创的小型中介公司,从高齐的身份转变,也能看出国家房地产政策的改革轨迹。这些年,他经历着行业的变迁与发展,有了一些属于个人的思考,并试图把自己体悟出来的理念融入实操中去:尽可能与行业内的大企业接轨,摒除小作坊式经营的劣势,制定规章制度来更好地管理平台,而不是"草台班子"式的江湖模式,粗放随意。由于房屋买卖的中介业务资质门槛很高,需要通过复杂的流程拿到政府批文,他所在公司的业务范围暂时还只是停留在房屋租赁。和通过交易动辄几百上千万的房产获得不菲佣金相比,高齐和同事们所能赚取的利润,已是被挤压到了一个比较狭小的空间内。因此,他也格外珍惜和重视自己这"一亩三分地"上有限而宝贵的资源:

> 我们希望把以后的路拓宽一点,给客户感觉是一家

正规的公司，不是今天租你房子，明天就会跑路的。对业务员的管理也比较严格，一直不允许他们站在公司门口抽烟，最起码去10米开外抽烟，也不允许在门口随意停放电动车，公司形象很重要。

像我们这样的小中介，做业务最大的困难是客户信任问题。客户找你租房，你后期服务能不能跟上，比如租户和业主之间有矛盾，需要你去解决。你能不能去解决，这是客户对你的担忧。现在我自己带的新人，都给他灌输一种服务意识，这单子不管成与不成，客户永远是上帝。只要来找到你，那就是你的客户，服务必须要跟上，比如帮客户搬家、给房子做保洁、维修……我们公司的经营模式类似一些长租公寓，有固定的维修师傅、保洁阿姨，其实没有花太多成本，但做这个事儿被客户看见和认可了，以后他有需求，都会想到你，继续来找你。现在这个时代都是房源共享，真正独家的很少了。所以，谁有靠谱客户，前期关系维护到位了，获得了认可，谁就能在关键时候把房子迅速出手。

对高齐来说，当初决定离开大平台最大的好处是自由，避开了在大公司需要"被管理"的问题。而等他真正开始管理，也不得不面临很多意想不到的"无奈"。为了调动下面业务员的工作情绪，常常会和他们一起喝酒。高齐告诉我，他的酒量并不好，但为了维持好关系，为了工作，还是几乎每天都会去喝：

入了这行以后，就一直在喝酒。以前是请前辈喝，现在是为了员工、为了一些人脉资源喝。做中介的10个里面8个是男的，男的大多数都喝酒，尤其是北方，都好这口。看到哪个业务员最近状态不好，白天会找他问问工作情况，下班后就喝一喝，几瓶酒以后能敞开心扉，聊一些真心话。别让员工带着情绪去上班，对吧？

员工和领导永远是两条心，但挣钱是一条心。我希望大家能开开心心地挣钱，不要憋屈着挣钱。我现在除了做运营管理，还继续在做业务。我比较喜欢做大单子，小单子和大单子相比，遇到不好打交道的客户的概率更高。我发现越大的单子越好谈，因为这种人家是素质有了。好多越是小客户，越是斤斤计较，可能他确实是拿不出那些钱来，月租差一二百块钱就不租了。小单子我会帮忙发发朋友圈，但不鼓励下面的业务员花太多精力去做。如果谈了很久，因为差一点钱没谈成单子，他们会受挫。

干我们这行最忌讳的就是业务员开私单，他一旦私下和客户交易了，那赚再多，和公司都没啥关系。我现在给手下的业务员提成比较高，至少有50%，远高于行业平均,也就规避了业务员和客户私下成交的风险,至少到目前为止,没有被我发现过。

刚加入这家公司的时候,利润空间很小,除去给员工发工资,还有一些固定开销之外,就没剩下多少了,我也相当于是给下面的人打工。现在慢慢好一些,但收入还是没那么稳定。我还从来没想过离开这行,除非哪天国家明文禁止没有小中介了,那到时候再说吧。

根据《2020中国房地产经纪人发展报告》显示,截至2020年末,中国住房市场总规模超过20万亿元,中国房产中介经纪人总数已接近200万。从2001年至2018年,房地产经纪人数在房地产服务行业中增长最快,复合增长率达到15.4%。从调查数据上看,2020年,中国房产经纪人群体仍以未婚年轻人为主;男性经纪人占比约是女性的两倍;近两成的经纪人学历在本科及以上,高学历经纪人增长成大趋势,已经远高于快递、外卖、餐饮等服务行业,但相比其他专业服务性行业从业者而言,整体学历仍然偏低。

现在,越来越多的大学生在求职时会把房地产行业作为选择。在欧美等国家,由于需要通过经济学、税法等专业考试才能获得专业的房产中介执照,房产中介从业者大多具备本科学历。随着这个行业野蛮生长的结束,未来或许在中国也会出现越来越多高学历、高素质的房地产中介,尤其是在北京、上海等大城市。事实上，这一趋势已经显现。

高齐的表弟胡俊，去年从北京某"985"高校毕业，入职了某地产中介的头部平台。我和小胡做了一次对谈：

> 以前感觉做房地产中介挺卑微的，这几年不一样了。我的专业比较冷门，又遇上疫情，就更难找工作了。我表哥鼓励我，去大平台做房地产中介，一开始就有不错的底薪，即使不能马上开单，心理压力也没那么大，至少能把房租先交上。入职以后，发现大公司的培训挺正规的，每天要学习的东西很多。不过，我们这行做得好不好，和高学历没有特别直接的关系。学历只是去大平台的敲门砖，证明有一些学习能力，公司里也有很多学历不高的老人，他们入行早，经验多，能吃苦，非常能做业绩。

永远都是"北漂"

在北京打拼五六年以后，高齐最大的变化是健谈了，对管理、经营、房地产行业的认知，有了一套自己的见解。他比以前更瘦了，外扩的颧骨好像更高了一些。他还是坚持每天穿整套正装，西装比5年前看起来合身了一些，可以在他身上看到城市生活带来的变化。然而他与北京这座城市的联结，依旧是单薄的，除了工作和喝酒之外，没有其他娱乐、休闲的空间和时间。来了这些年，他没有看过一场电影，印象中，只在孩子小时候，陪孩子去过一两次公园。

由于这些年工作忙碌，高齐感觉自己作为丈夫和父亲这两个角色，都对家人非常亏欠。很少有时间陪伴家人的他，只有每天晚上开着手机和孩子视频通话一会儿。他希望通过自己在北京的奋斗，创造尽量好的物质条件，盼望着孩子们将来能有机会考到北京上一所大学，拥有属于他们自己的人生发展：

> 我以前比较向往大城市，但其实还是喜欢农村。现在时间比以前自由了，每个月会回老家几天，陪陪老婆孩子。这几年亏欠家里人实在太多、太多了。回家以后，能在家待着就不出门，基本不和家里的朋友出去喝酒。
>
> 以前只有老大一个孩子的时候，还想着让他来北京上学，当时幼儿园都给他找好了，找关系给整了一个名额。有了老二以后就彻底放弃了这个念头。如果俩孩子都在北京，我媳妇一个人看不过来，肯定会牵扯我的精力，我工作方面好多事儿都会受限，比如，到点该接孩子就得去。一个人肯定不可能那么多精力，所以，最后还是只能把两个孩子都放在老家读书。而且，就算来了

也不行，外地人没有考学指标，到了中学还是得转回老家读。

  所以，我就想，还是索性在老家接受教育吧，而且衡水的教育应该还算不错。无论是花钱还是找关系，我能给孩子付出的，肯定都会努力去做，但最后能发展得怎么样，还是取决于孩子自己。现在学历越来越贬值了，等我的小孩长大了，本科学历真的跟小学毕业一样了吧。北大清华不现实，五道口附近的其他学校你努着劲上；再不济，北京还有很多其他的学校。我会给他们创造最好的条件，鼓励他们。

和高齐聊天的时候，他刚好从一场酒局上下来。和很多外来打工者一样，他的生活节奏也很快，每天都要面对各种各样的压力：一早起床，洗把脸、不吃早饭就在8点前赶到公司，开个早会，处理业务，收集、整理房源信息，培训新业务员；下午和晚上会帮同事谈客户，骑着电瓶车奔波于他早已了如指掌的小区之间。

  我问他："来了这么久，你喜欢北京吗？"他告诉我，实话说真不喜欢，连北京的房子都不喜欢。带着别人看了这么多房子，也会想什么时候才可以有一套自己的房子。可是，那真的太难太难。在北京没有房，永远都是"北漂"。

做"阿姨"

第一次见到小萍,是在小区的花坛附近。她向我问路,经过简单交谈,得知她来面试一户人家的育儿嫂。之后,我经常能在小区里看到她,应该是在雇主家里干得不错,她就这样在我们小区长久待了下来。

我的孩子和小萍帮忙带的孩子差不多年纪,总是结伴玩耍,我们也因此有了不少接触的机会。来自苏北的小萍今年40多岁,性格开朗,看起来非常有活力,高高的个子,大眼睛,长圆脸,头发微卷,总是穿得干净利落。她嗓门洪亮,待人热情,有时候在小区里见到我,隔着老远就会打招呼。

像小萍一样,离开家乡来到大城市从事家政服务业的人越来越多。随着社会人口老龄化的加速、"三孩"政策的推行,家政服务已经成为部分家庭的生活必需。特别是"80后""90后"父母,他们中的绝大多数都是独生子女,没有其他兄弟姐妹共同承担照顾父母长辈的责任;由于"二孩""三孩"政策的放开,他们中的一部分人还要面对同时养育两个或以上孩子的压力。与此同时,他们也普遍处于事业上升期,工作忙碌导致没有多余的时间和精力可以再投入繁杂的家务中,很多人不得不寻求月嫂、育儿嫂、保姆等来承担日常家务或是做养老、带娃的工作。

受到高需求的推动,尽管来大城市从事家政服务工作的人员越来越多，但这个行业依然存在巨大的缺口。进城务工的年轻人愿意从事家政服务工作的并不多，像小萍这样四五十岁的从业人员就变成了主力军。对她们来说，去大城市"做阿姨"是一份比较高薪的工作，如果是住家保姆持证上岗的话，平均可以得到6000—8000元的月薪；而经验丰富、有较好专业技能的，在家政市场上非常抢手，薪资不仅能更高，每年还有小幅涨薪的机会；同时也充满挑战，不仅要让自己的家务、育儿等工作得到雇主的认可，还要适应大城市里的家庭生活，和雇主长期融洽相处。

从农村初来城市的"小萍"们，通常会经历一段时间的适应和调整。可能很多人猜测，她们离开家乡不外是出于经济因素的考虑——想赚更多的钱来支持家用，但事实上，她们的家庭问题、夫妻关系的变化，也是促使她们毅然决定离开老家，从全职家庭主妇、工厂女工等角色转变为"阿姨"的重要原因。

一场意外

小萍原本在苏南农村的一家服装厂做女工，她的丈夫在当地镇上一家酒店的工程部做电工，两人有一个儿子，过着简单的小日子。然而，平静在2013年的夏天被打破了。小萍的丈夫遭遇了一场车祸，受了严重的脑部损伤，送去医院后，医生当下就劝她放弃抢救，但她坚持给丈夫动手术：

> 我老公是2013年8月16日出的事情，那一年他刚刚44岁，我38岁，那一天把家里一下子都打乱了。当时车祸去了医院后，医生就说他将来是植物人，把他救下来的话，会一直连累家里的，让我放弃吧。我不信，和医生说，第一时间先抢救。就看我老公的造化，能活多久算多久。后来他们单位领导也劝我们，要做好思想准备，（救下来的话）今后苦的还是我们。他在ICU病房里住了28天，我就一直睡在外面走廊里陪着，担心医生那里一旦需要什么，我就能及时送过去。他从ICU出来以后，直接就转到了现在的康复医院。那时候我有一个信念，想把他治好，拿着片子到处让专家看，上海我也跑过好几趟。

手术还算成功，但恢复还需要漫长的时间。小萍坚持为丈夫做康复训练。幸运的是，术后四五个月，丈夫开始有了意识，能辨别出亲人的声音，有开心或是伤心的情绪反应，状况好的时候，还能下床走几步路。由于丈夫出车祸的时间是在上班期间，最终被认定为工伤。这意味着，昂贵的住院费和医药费都有了着落，可以放心康复治疗。

这让小萍充满期盼，祈祷着丈夫的身体出现奇迹，最大程度地恢复到从前。但世事难料，不幸还是再次发生了。由于丈夫脑部受伤严重，在站起来没多久后，发了几场癫痫，一夜之间又几乎回到植物人状态，只能终日躺在病床上，没办法翻身、坐起，意识时而清醒时而模糊，只能靠流质食物注入鼻腔内来维持生命。

　　动了手术四五个月以后，我老公单位的一个领导来看望，和他开了个玩笑说，你怎么一直躺在这里，你也该起来了，起来我们打牌去。那一句话惊醒了他。从那一刻开始，他就有了一点意识，手也能慢慢地动起来，看到电视里伤心的会哭，看到搞笑的也会笑。我真的挺开心的。看他有些好转，我就继续坚持给他锻炼，从练习站立开始，站5分钟再到10分钟、半个小时、40分钟……医生说他这样恢复得挺不错，让我可以带他回家好好休养。我同意了，想回去以后，家里吃得更可口一些，还有人能陪着和他说话聊天，可能对他恢复会更有帮助。回家后，我天天给他坚持锻炼，有一段时间，体力好的时候，他可以抓着扶手走两层楼梯。

　　脑部受伤的人容易发癫痫，我也是后来才知道的。没想到，把他从医院接回家里没多久，可能是锻炼强度大了一些，他劳累了，就导致发了癫痫。刚开始发作的时候我感觉不对，马上联系医生，医生让我赶紧送医院,在家是控制不住的。我就立刻叫上了救护车,从我们家到城里,最快也要一个小时,他就手脚抽动,一路发作。到了医院,用上治癫痫的药才控制住。医生说,暂时不能给他康复训练了,发了一次癫痫,各方面受损都很大。我想给他减轻强度,慢慢继续锻炼,但没想到,后来一次又一次地发作癫痫。他就再也没办法好好做康复训练了,站不起来,更不要说走了,每天基本上只能躺着。

这对重新燃起希望的小萍来说,是一次巨大打击:"我那时候状态很差,一想到躺在那里的老公就会哭,经常整夜整夜地睡不着觉,然后身体就垮了。"之后,小萍大病了一场,在医院的病床上躺了半个多月,姐姐劝她看开些:"他的身体就是再恢复,还是不可能回到正常人的状态。"而她自己也想明白了一件事:家里的顶梁柱倒了,自己的生活依然要继续下去,当时儿子还在读高中,还需要她的教育和抚养。于是,她下了一个重要决定——把丈夫交给护工,自己离开家乡打工。公婆听说后,一致反对,他们都希望她能留在丈夫身边贴身照顾。而小萍却很坚持,如果下半辈子一直守着躺在病床上的丈夫,实在太压抑了。自己今后的生活怎么办,儿子的未来怎么办?不如趁着还年轻,出去挣些钱,说不定能改善今后的生活。就这样,小萍不顾公婆的反对,踏上了离乡打工的路。

小萍离家的第一步,迈得不远,来到了省内的另一座城市,在表哥打工的工厂里,成了装配车间流水线上的一名女工。虽然人不在身边,心里依然挂念着在家乡的丈夫:

> 跟着我表哥一起工作,心里还是想着我老公,每天都会忍不住地哭。我哥看到我那样就恨铁不成钢地骂:"你人都已经出来了,就别想了。如果你还是这样的话,我也不留你了,你回家去吧。"过了一两年后,我才真正放下,接受了这个事实,没办法。这就是我的命吧。

说到命运,小萍这半生过得并不容易。她的童年世界缺少笑声:自小家贫,父亲在她 8 岁的时候生了病,因为无钱医治而留下她们母女三人。母亲是聋哑人,在她 13 岁的时候意外染上重疾而去世。

> 我只记得小时候家里很穷,住在茅草房里。对爸爸的印象很少。爸爸生了骨头上的毛病,我们没钱去看,他从生病到去世,时间很短。对我爸印象最深的一件事情就是,他给我买了一套粉色的格子睡衣,偷偷放在我的被窝里,让我别告诉姐姐。
>
> 我妈妈有小儿麻痹症,从小不会说话,小时候没钱

看病，耳朵也聋了，我们都是靠手势来交流的。我妈妈很好强，爸爸去世后，尽力照顾我们，有个在重庆做老师的舅舅会定期寄钱过来，我妈妈一点点攒起来，包在手帕里，节约着用。她会去街上要那种人家丢掉的水果，带回来给我和姐姐吃。镇上有个单身老头，总是欺负我妈。有一次在公交上，老头又毛手毛脚，我妈和他打了起来，老头把我妈妈从车上推下来，掉到了路边的一个大坑里，坑很深，我妈掉进去以后一直爬不上来，在污水里呛了好久。

事情发生的时候是一个夏天的中午，没人知道我妈妈掉进坑里了，等后来有人发现把她救上来，送去医院的时候，她的肺部已经感染了。我姐一直带她去看病，但妈妈可能知道自己治不好了，就固执地不肯吃药，把药藏起来或者扔掉。五六个月以后，她就去世了。

父母相继去世后，小萍和大她5岁的姐姐相依为命，辗转寄居在不同的亲戚家。在父母留下的一亩三分田里，她和姐姐一起种些粮食、蔬菜，带去亲戚家吃，也算是自带干粮，没有白吃白住。16岁的时候，小萍去纺织厂上班，过上了"三班倒"的女工生活。20岁，经人介绍认识了现在的丈夫，在对婚姻的懵懂之中，匆匆嫁人生子。在婚姻里，小萍负担了大部分的家务：

自从我妈妈去世后，我和姐姐就在这个亲戚家住几天，那个亲戚家住几个月，在我二叔家待的时间最久，一直到我姐出嫁。没多久，姐姐就说，要不你别去上学了，跟我去厂里做吧。那时候我刚16岁，上班还太小，姐姐托人找了关系帮我弄进了纺织厂做工人。工作后一直住在姐姐家，时间长了，多多少少和姐夫有点小矛盾。我就天真地想着，不如找个人结婚吧，这样就可以有一个自己的家了。我当时只有20岁，对结婚没啥概念，从来没想过要找一个什么样的人，也没考虑将来能过上什么样的生活。

我老公是别人介绍的，我们谈了半年就结婚了。他大我5岁，是家里的独子，妈妈很宝贝，什么活都不让做。后来我才知道，他先天只有一个肾，身体弱，根本干不了重活。他虽然比我大5岁，但这人属于比较自私的，不太会体贴关心人，更不要说照顾我了。什么事情都是我行我素，想干什么就干什么。除了上班，就是出去玩，打牌、和邻居聊天。从来不会考虑我今天"三班倒"了，什么时候回来，需要弄点啥给我吃。一开始，我会和他争执，后来我也不管他了，我上我的班，他玩他的。

不过，婆婆对我很好，从我怀孕到把孩子生下来，都是她一手操办。她觉得我年纪轻，不懂照顾孩子，也没有父母，所以她很照顾我。我把婆婆当成亲生父母一样来对待，几年后，婆婆得了淋巴癌，我也很用心地去照顾她，算是报恩吧。婆婆住院做化疗的时候，我老公从来没有顶替过我，他还是出去玩的多，孩子也不怎么管。还好我儿子学习上一直挺自觉的，从小到大都是前几名，基本不用我们操心。后来我老公出事，我觉得也没有什么愧疚感。我尽到了一个妻子的责任。我有时候会和他开玩笑说，你就是前半辈子过得太舒服了。

同一屋檐下

聊起这些，小萍脸上没什么阴霾，只是平静地叙述。跟着表哥在工厂里工作的3年时间里，小萍遇到了人生的另一个坎——因为参与了民间借贷，家里全部的20万积蓄付之东流。那个当初答应给她高息的老乡，因为赌博而债台高筑，至今都没能还清。尽管报了案，也走了司法途径寻求解决，但是对方始终无力偿还。这20万里，有7万是夫妻俩结婚到现在的积蓄；剩下的13万里，有7万多是社保中心给小萍丈夫的一次性伤残补助费，其余的钱则是亲戚朋友们送的。这么多钱一下子就这样没了，小萍非常悔恨，天塌了下来，但又无能为力。

失去了积蓄，小萍一心想赚更多的钱来弥补缺口。于是，她瞒着公婆，第二次远走。这次是经同乡介绍，去了离家千里的北京做家政保姆：

> 20万被骗，也怪我人太老实，想得太简单，总觉得是老乡，两家住得也不远，从来没想过钱要不回来。刚开始，我借给了他10万块，几个月就连本带息地给我了，哪里知道后来一笔笔借出去，就全回不来了。这是2016年发生的，到现在我还一直瞒着公婆。
>
> 20万要不回来，我急得头发都白了。那时候孩子考上了大学，正是用钱的时候。有个老乡在北京做了很多年保姆，问我要不要一起去。一打听，薪水比我在工厂里做要高得多，没多想，就跟着去了。

做家政保姆，不仅需要体力照料，更多的时候，也要付出大量的情感劳动。所谓情感劳动（emotional labor），也称情绪劳动，这一概念最早由美国社会学家阿莉·拉塞尔·霍赫希尔德（Arlie Russell Hochschild）在20世纪80年代提出。在霍赫希尔德看来，很多服务性职业，比如空乘人员、销售人员、餐厅服务员等都要求从业者们无论内心深处的感受是什么，都必须表达出某种特定的情绪，一直扮演一个"微笑、温柔、体贴"的人。甚至，不管是什么工作，只要涉及人际互动，员工都可能需要进行情感劳动。

需要和雇主长时间在私人领域互动的家政从业者也绕不开情感劳动的付出。特别是住家保姆，需要全天和雇主一家在同一屋檐下相处，除了承担家务等体力劳动之外，还需要处理、平衡好和雇主之间的关系，达成一个能彼此理解、良性互动的相处模式。

小萍刚来北京的时候，经老乡介绍，在一户人家照顾一对双胞胎，孩子父母都在外地做生意，家里只有孩子的外婆。初来乍到的她，经历过手足无措、不知如何处理关系的时期，因为劳动关系的不平等，有了委屈也只能独自一人默默承担：

> 那个外婆很强势，脾气不太好，老是骂我，有时候恨不得打人的那种。骂了我就哭，我也不和她吵，我就跑出去哭一会儿，哭完了回来再继续干。在他们家做了两个月不到，我就想走。带我出来的老乡劝我，第一次出来做，受些委屈很正常，忍一忍，只要把事情做好，人家肯定会认可你的。我听了她的话，后来就闷声不响，默默干活。不管那个外婆说什么，我都不多说。
>
> 双胞胎姐妹很挑食，我就在网上搜了一些食谱变着花样地做各种家常菜、甜品、点心，她们很喜欢吃我做的饭。除了家务，我还负责她们平时上下学和周末培训班的接送，慢慢培养出了感情，他们的父母也挺认可我

的。后来,那两个孩子到了上学的年纪,要去外地读书,他们父母想着让我也一起去,还说要给我加薪。可是,广东太远了,我从来没去过,也不想去,就继续找下家做事。

之后,小萍在我的小区里找到了另一户人家做家政工作,就有了开头我们相遇的那一幕。在这个行业做了几年之后,她深知这并不是一份"做家务"的简单体力活,还需要不停地提升自己的专业技能,为此,她还专门自费去参加了母婴护理的培训。另外,也需要在适当的时候,隐藏自己的情绪,学会和雇主好好沟通。

做我们这行的,得入乡随俗,到了一个新的家庭,就遵守这家人的生活、饮食习惯。每家人的口味不一样,像我现在这家喜欢吃得清淡,我就尽量调整,少油少盐,少放酱油。还有就是,家家有本难念的经,我不掺合,也不随便打听他们的家事。凭良心把孩子带好,把事情做好就行了。我也遵守信用,每次放假回老家,说好了回去几天就几天,不拖延。他们都是每天要上班的人,我不及时回来的话,他们就安排不开。

主人把一个家交给你,是对你的一种信任。人都是将心比心的,我尽力做好了,他们也看在眼里。有时候我做得不好,他们也会说两句。我没什么不高兴,他们也都没有恶意。人家每个月付你工资,说两句怎么了。大学生在公司上班,还得被老板批评呢。

她们

像小萍一样背井离乡,来到大城市做家政服务人员的农村妇女越来越多。伴随着行业的发展,家政服务在大城市里也出现了一些新变化,雇主和家政服务人员之间,也更加偏向于互助的关系:雇主需要专业的家政阿姨,阿姨也需要城市的高薪水来维持家庭的开支。然而遗憾的是,这一群体目前还缺乏有效的行业互助与社会支持网络,同时家政中介服务市场鱼龙混杂,政府对中介式的家政机构也尚未出台标准化、规范化以及职业化的管理举措。如何在情感关怀、权益保障上,给予家政女工有价值的支持,已经成了这一行业亟须关注的议题。

每一位从事家政工作的女性选择进入这一行,都会有自己背后的故事。在《怒放的地丁花:家政工口述史》一书中,作者就记录了15位家政女工,她们作为女性在命运面前努力追求独立时,爆发出了坚强而隐忍的生命力。与此同时,她们也都面临着相同的困境:工时长、缺乏必要的劳动保障、住家工作没有个人时间空间、部分雇主苛刻待人,甚至可能还会出现性骚扰的情况。[1] 她们承受着身为基层打工者及女性的双重弱势与压力，她们出走的背后，不仅仅是"为了钱"那么简单，破碎的家庭、丈夫的家庭暴力等，也是促使她们进城务工的重要原因。

小萍的朋友张阿姨选择做家政，就是出于对家庭暴力的逃离。张阿姨来自安徽，比小萍年纪大一些，今年 50 岁出头，出来打工有 10 多年了。她先后辗转于南京、上海等地，在工地、餐饮、幼儿园等地方做过临时工，这几年安稳下来，在北京做住家保姆：

> 我是被老公打得没办法才出来的。19 岁结婚，啥也不懂就嫁人了。生了儿子后，他染上喝酒赌博的坏毛病，输了钱就喝酒，然后就打我。孩子还小，我忍着。后来有一次，打得我眼睛都出血了，他还没停手。我想这样下去可能要被打残了，就下决心离婚，他答应了。办完离婚手续第二天，我把孩子放在我父母那边，自己就出来打工挣钱，要养儿子啊！

张阿姨挂靠在某家政中介平台上，通过培训，陆续取得了早教证、育儿证等必备的上岗证书。平台每介绍成功一单，

---

[1] 高欣，《怒放的地丁花：家政工口述史》，社会科学文献出版社，2016 年。

会向家政人员抽取20%的佣金。这是张阿姨入户做的第二家，月薪7000元，负责照顾一个1岁多的孩子，以及安排这家人的饮食起居：

> 平时白天只有我和小孩在家。每天6点多起来，把全家人的早餐准备好。等他们（雇主夫妻）去上班后，我就在家带娃，或者有时候带下去和小区里的其他孩子一起玩玩，接着上楼准备孩子中午的辅食，我自己就随便对付一下，一般拿前一晚的剩菜简单凑合下。中午孩子午休的时候，我就打扫卫生，收拾整理。下午一边陪孩子玩，一边准备晚饭，做饭。孩子爸妈晚上回来吃饭后，我洗碗、给孩子洗澡。一天下来，忙不停。这家人对我挺好的，我们处得挺好。孩子爸妈一直和我说，我是他们家庭的一员，孩子和我也亲。

张阿姨和我聊天的时候，好几次庆幸当时果断结束了令她痛苦的婚姻，离开了家乡，到大城市打工、做家政，养活了自己，也供儿子完成了学业。关于未来，她说："这两年努力给儿子存一些娶老婆的本钱，如果还干得动，就再攒几年钱，以后回去养老吧。"

张阿姨常年在外打工，一年只回老家一两次，很少有时间陪伴儿子，母子俩的关系因此有些生疏，甚至紧张。她常

常为此感到内疚,但也无力做出改变:

> 儿子有时候来看我,我们见面不超过半天,就会拌嘴、吵架,他总怪我当年把他扔在老家,一直是没怎么陪过他。一开始是老人带他,上中学后就去托管班,包吃包住。我们老家那边很多都是这样,父母出去打工,孩子就放在那儿,那里有老师能帮忙辅导一下作业,管着不去网吧打游戏,和老人住一起的话,很多孩子都被宠坏了。

张阿姨一直对现在这份稳定、收入又不错的工作充满感激,但儿子不理解,曾和她说:"你再不换工作,我以后就找不到老婆了。"做了多年的家政工作,张阿姨没想到,对这份工作的歧视竟然来自自己的孩子,和我聊起来的时候,她红着眼眶。儿子始终是她内心最柔软、最复杂的存在。

和张阿姨一样,自从离开家乡,儿子就是小萍最重要的人生牵挂。欣慰的是,她的儿子在本科毕业后,考取了一所不错的大学读研究生,今年刚刚毕业,入职了一家省内的国企做程序员,算是工作稳定了下来。眼看儿子到了谈婚论嫁的年纪,小萍却对儿子的恋爱婚姻问题充满了忧虑:

> 我和儿子说,咱们家没钱没房没车,哪个小姑娘会

看上你。谁家不想让自己的女儿嫁个条件稍微好一些的，这么想也很正常。除非招女婿，可能你还不乐意。我让他不要着急结婚，工作个五六年存些钱再考虑结婚。我平时几乎不花钱，也不买衣服，我给自己在老家交了一份社保，一个月大概1000多元，看病养老多少有个保障。老公那里花2000元左右，用来买水果、牛奶、成人纸尿裤等一些生活用品，剩下的钱除了交通路费，我都存着给儿子攒首付，到时候能多给一些就多给一些，之后就靠他用自己的公积金慢慢还贷吧。

小萍的丈夫目前身体状况稳定，一直住在康复医院里，平常有一位医院的护工在帮着看护：

我老公已经有两年多不发癫痫了，内脏也都好好的。现在住康复医院里，我也放心，有个感冒咳嗽什么的，医院会马上给他吃药。以前每年过年会接他回家住几天，现在不敢了，怕万一出什么意外，路上太远，来不及抢救。上次回去和他聊天，我告诉他，儿子找到工作了，他听了笑嘻嘻的。

小萍的左手无名指上戴着一只金戒指，没有雕刻任何花纹，可能因为戴的时间久了，已经有了一些淡淡的划痕，黄金的色泽也不那么鲜亮了。而戒指靠近手掌的一侧,缠绕的红线是新换过的样子,在阳光下,是格外夺目的一抹红色,一缕缕,紧紧绕住,没有一丝丝空隙,和戒指几乎融为一体,仿佛是它的一部分。

每隔两三个月,小萍会回去探望她的丈夫。尽管过往的家庭生活离他们都已经很遥远了,甚至再也回不去了,但对她来说,有个人在那里,就是她活着的一份念想,不可替代。

真实的附近

第六章

爬出洞穴：来自田野的反思

张楷 / 摄

在我看来，只要有写作，作者就必然存在；只要有田野工作，观察者的主观就必然存在。而最重要的事情是如何反思写作者本身的立场、地位和权威，让这种研究过程中的"障碍"成为一种有生产力的进一步理解当地人的方式，从而更好地展现出每一副鲜活具象的面孔。

这应该才是有价值的写作。

大海里的浪花

在现代社会，我们这个群体不自信、自卑、易怒、缺少自己的判断水平。这一系列现象的原因，与我们从童年起的成长环境有很大关系。比如说，我为什么会自卑呢？因为我从小到大没有被别人服务过，哪怕我去吃饭，都是小摊小贩，我从来没有受到过别人的尊重。从小到大我见到的都是我的父母、朋友乃至于自己服务别人，我从小见到的都是那些"牛"的人骂我的父母、朋友，甚至骂我自己——因为你要寄人篱下。所以我肯定是自卑的，我从没有经历过被尊重。

在这个大海里面，我们生下来是没得选择的，大多数人在底层里面挣扎，根本挣扎不上来。有一种说法是天命，看多了东西之后只能说这就是命，你生下来就是这样的命，别的人可能付出一点儿努力就得到很多，你付出120%可能也得不到。

深夜，上海的街头排档。

我坐在阿仁的对面，他手上夹着烟，缓缓地讲述起自己在上海打工的经历。

阿仁的老家在山东菏泽的农村，姐姐在他10岁的时候去世，母亲因为家里突然的变故，精神状态有点失控，像发疯了一样的状态持续了将近大半年。16岁的时候，阿仁决定不再读书，要出去挣钱给家里人用，他先去了沈阳的小餐厅做了半年的服务员，一个月的酬劳只有500元。为了多赚钱，他给中介交了1200元中介费，准备到上海学习计算机。中介说，就几个名额，好不容易才把你搞进去的，你到上海就打电脑、坐办公室。等到了上海，阿仁才发现自己被骗了。原来是仓库里拉大料的活，一天要拉几百斤重的料，再搬料、搬货。而所谓的打电脑，就是去领拉料单子的时候可以用一下电脑，把货物的清单打出来。阿仁想：既然来了，再苦再累我都得坚持下来，不能就这样回去让村里别的人戳我爸妈的脊梁骨。

拉一个月大料的工资只有960元，拉了几个月，阿仁很快就认识了现在的妻子阿秀。阿秀当时只有16岁，在工厂的生产线上做工，她的工资也是每月960元，加班的话可以到1500元左右。两个年轻人迅速相恋，合租了一个月租500元的民房，每月再往家里各自寄500元。为了省钱，两人在一起吃麻辣烫，从来不舍得吃荤的，只吃5毛钱一串素的。

有一次坐公交车，下车的时候阿秀的脚被门挤住了，阿仁让司机开门，司机就用一串他听不太懂的上海话骂他们。司机一脸歧视的憎恶表情，阿仁到现在都记得。

为了让自己的女朋友不这么辛苦，阿仁白天拉完大料，晚上就去做临时工，搬运工、扛水工、演唱会的保安、服务员、工地上筛沙子的，都做过，一个晚上可以再额外挣30—40元，回到出租屋里，经常累到都没有力气洗漱，直接倒头就睡。

拉大料的工作做了一年，阿仁决定自己再去闯荡，加入了一家小型的劳动中介公司，自己也干起了劳动中介。中介所上午9点开门，他一般早上7点半会到，别人晚上6点下班，他到8点才会离开公司。早上比别人早到的一个多小时，他就写招工信息的黑板，每天都用白色粉笔一笔一画地把今天最新的招工信息在小黑板上写出来，而别的中介门前的招工信息，却是多少天都一成不变。写完黑板，阿仁就开始给头一天没有面试成功的人打电话，口气非常好地说："大哥/大姐/阿姨，今天有什么单位，过来再看看。"打完电话，接着开始打扫店里的卫生或者做些杂事。到了下午，他的工作是把上门招到的工人一个个送到对应的工厂。下午回来了以后，别的中介所都在打牌，他就仔细研究第二天什么单位准备招什么样的人，到晚上的时候再给报名的人每人打一遍电话："大哥/大姐，明天有什么单位面试，欢迎过来看看。"凭借着这些小细节，阿仁迅速赢得了大家伙的信任，也慢慢地在劳务中介市场积累起口碑。虽然工作依旧辛苦，也依旧会遭遇歧视与不理解，但阿仁觉得，这已经比拉大料的重体力活好太多，也可以给妻子阿秀一个稳定的小家。因为之前有被黑中介欺骗的经历，阿仁发誓未来要做一家不骗人的中介公司，让和他一样出身底层的普通人，也可以找到真实靠谱的工作。

阿仁说，在这个大海里面，我们生下来就是没得选择，生下来就是这样的命。阿仁说出这句话的时候，我立即想起了作家淡豹在小说《山河》里的一段话："人世就是这样的，无味而多艰，是没有意思的海，大陆起伏冥王星来去它也在，鲸鱼搁浅、岛屿自杀，冰川壮健的腿脚渐渐瘫痪它也在，而你没有办法。"

我想，我应该把阿仁、阿秀们的故事记录下来。这一片大海，也应该有浪花在翻滚。

来到城市打工的外来务工者，他们每个人都有负重的记忆、艰辛的当下，而对于未来，又因为现实的困境而难以有更多的期待。大部分时候，他们仅仅只是存在着，在时代的巨轮下籍籍无名，没有声音，也没有图像，更不会被看见、被听见。他们值得我们以最大的真诚和责任去记录，他们如何在快速变动的社会脉动之下挣扎生存，并不断寻找自我存在的意义。

为什么要选择这些故事：真实的附近

进城外来务工人员，既是城市的建设者，又被城市遗忘着。

他们生活在城市的郊区，在那些地铁的尽头，或者根本只有公交车没有地铁的区域里，租着一间只有几百元租金的民房。他们工作在城市的每一个角落，默默地为城市奉献着，晚上又退回到边缘的地区去居住。他们是城市发展建设中最不起眼却非常重要的一环，为城市生活的正常运转提供了极大的支持，然而却因为缺乏基本的教育和技能培训，只能从事初级劳动力的工作，长期处在社会的边缘。

在本书里，我详细描写了8个人的小故事，从家政阿姨到装修师傅，从菜市场的菜贩到小区的保安，从房屋租赁的中介到劳动力市场的中介。之所以选择他们的故事，是因为他们都是在我身边"真实的附近"中出现的普通外来劳动者，在过去的几年里和我有着千丝万缕的交集。我们保持着长期的来往和互动，他们不是论文里空洞化、脸谱化的符号和代码，也不是一次访谈后就成了社交软件上再也不会说话的头像。[1]

---

[1] 在本书写作中，我依循研究惯例对每一位人物进行了化名处理，以保护他们的隐私。

什么是"真实的附近"？人类学家项飙就指出，越是现代化的社会里，越是丢失了附近的生活。一方面，人们只关心小家里和大世界发生的事，对"附近"不关心或者无感，这导致人与人之间缺乏同情和尊重；另一方面，我们周围的"附近"正在慢慢消失，不仅是社区里的店铺、景观招牌、街道风貌突然改变了模式，连带消失的，还有"附近"中那些既不那么陌生、又不那么紧密的社会纽带，也就是组成社会的日常网络连接。[1]

以"附近"作为研究框架，可以帮助我们更好地去关注周围正在发生的变化，无论这些变化多么急促剧烈或者缓慢渐进，去看到身边的这些最熟悉的陌生人，包括他们的日常生活状况和身份转化。美国社会学家彼得·伯格（Peter Berger）在《与社会学同游》(*Invitation to Sociology*) 一书中曾经指出："社会学家感兴趣的东西可能有很多，但他的压倒一切的兴趣始终是在人的世界——世人的制度、历史和热情。既然他对人感兴趣，人的一切所作所为就不可能是完全枯燥乏味的东西。凡是激发人终极信仰的事件，举凡使人悲

---

[1] 项飙，《我们失去了构造爱的关系的自信》，《澎湃新闻》，2019 年 12 月 2 日。英文论文参见 Xiang, Biao. 2021. "The nearby: A scope of seeing." *Journal of Contemporary Chinese Art* 8(2&3), 147–165. 关于"附近"的空间性、社会性和情感性，参见严飞，《以"附近"为方法：重识我们的世界》，《探索与争鸣》，2022 年第 4 期。

伤、辉煌、极乐的时刻,他都自然而然地感兴趣。"[1] 换言之,"附近"中那些平淡无奇的日常生活当中的琐事,或者是所谓的"平民化的焦点",实际上应该成为社会学研究中一个非常重要的课题。

  "附近"重在交集。诚然,每一个人的"附近"都不尽相同,我的"附近"和你的"附近",不一定是同一个"附近",也不一定有着相同的广度和深度。但在"附近"这个场里,我们或多或少地都会和形形色色的人发生互动,产生交集,建立起纽带的连接。特别是对于外来务工者这一群体,他们并非不积极地尝试融入新的城市文化之中,只是大部分时候,是本地的居民有意识或无意识地割断了这一融入的可能性,从而导致这一群体成为处于两种文化、两个社会里的陌生人。我的同事杜月就曾指出:"陌生人并非居无定所之人,他会逗留在某个空间并进入当地的社会生活,但是他的未来却无法由当前的社会群体所限定……与他交往的人仅仅可以确定他此刻的成员身份,无法将他作为一直在此的同伴与其产生关系。"[2] 从这个角度出发,交集是一种主动的连接,而非被动的嫁接。缺乏交集的"附近",只是地理空间上的遇到,

---

1 彼得·伯格,《与社会学同游》,何道宽译,北京大学出版社,2014年,页21。
2 杜月,《芝加哥舞女、中国洗衣工与北平囚犯:都市中的陌生人》,《社会》,2020年第4期。

导致社会生活失去了自我互动的固有特性。

"附近"重在层累。交集每天都在身边发生,并且随着时间的不断延伸,陌生的人的形象在互动中慢慢变得饱满,人和人之间的亲密度和信任度也逐渐叠加累积。譬如,在每周固定一次的上门保洁中,保洁阿姨一开始还很矜持,只是低着头打扫卫生。一来二去熟悉了以后,她会和我们聊她的丈夫、她的女儿,我们会问她如何接单,如何吃饭,如何解决上洗手间的问题;定期给我们送快递的小哥,家里的小朋友会喊一声叔叔,小哥会很腼腆地打招呼,时不时分享一小段他送快递路上的遭遇和快递行业里的江湖故事。

经过层累的交集,我们能够更加自然地进入被访者的生命世界,被访者也愿意更主动地倾诉和表达,并有机会将在日常聊天中曾经描述过的片段,进行更完整的讲述。尽管在本书的田野里,所有的被访者都知道我作为研究者的身份,也清楚我的研究目的,但由于过往共有的生活交集,他们在我访谈的诉求面前并没有表现出任何的迟疑,而是很自然地打开话匣子,开始一段又一段的分享。我甚至可以不用去刻意准备访谈提纲,而是采用完全开放的心态,我们的对话就自然地流淌起来。当讲述到那些我已经听过的熟悉片段时,他们还会主动提示我,这个事情曾经跟我提过,不过值得从头到尾再细说一遍。

在《青苔不会消失》一书中,做过记者的袁凌自我反思,作为访谈者:"从到达现场到离开,有限的周期里,他来不及参与当事人的生活,触及他们生存的质地,就已经离开,带走的往往是一些表面的片段。"[1] 类似地,学者也会遭遇田野访谈中难以真正"进入"和"参与"的困境。一个经典的例子,就是文化人类学家克利福德·格尔茨(Clifford Geertz)著名的巴厘岛斗鸡研究。巴厘岛人都喜欢看斗鸡,斗鸡是巴厘岛上男人们的必修课。格尔茨夫妇刚来到村庄的时候,尽管明确表明自己是"人类学家""大学教授",却一直被当地人视作透明人。有一次夫妇俩在围观一场斗鸡时,警察突然到来,他们和当地人一起四处逃窜,直到经过这一次戏剧性的集体躲避警察的事件之后,他们获得了当地人的完全信任,田野工作才由此顺利了起来。[2]

另一个例子,来自加州大学戴维斯分校人类学家张鹂对20世纪90年代北京浙江村外来流动人口的研究。她发现:"作为一个研究者,最初因为没有一个为当地人所认可的生产性角色(productive role),我感到尴尬。很多人在接受正式访谈的时候很不舒服。"为了解决这一困境,张鹂开始尝试沉浸到社区里每日的生活中,通过多层次互动的积累,重新去定义自己的角色,并采用非正式的方法,抛弃原有结构化的

---

[1] 袁凌,《青苔不会消失》,中信出版社,2017年,页4。
[2] 克利福德·格尔茨,《文化的解释》,韩莉译,译林出版社,2014年,第15章"深层游戏:关于巴厘岛斗鸡的记述"。

访谈框架,去和更多身边的人进行日常生活的对话:"例如,调查期间我曾经给一些富裕家庭的孩子们做过两个月的英文教师。这个角色给我充分的机会去和家人们互动,并和他们结识。有时,我会在他们外出期间帮忙照看服装店,或是和饭店老板边聊边准备一些食物(例如包饺子)。最后,比起那些正式的采访,在这些场景中进行的访谈信息更为丰富、生动。"[1]

由此,在"附近"日常化的关系逻辑下,我们不需要重新去建立一个纽带,也不需要在访谈过后挥手告别。当我们坐下来开始聊天的时候,就已经自然地打破了传统质性研究中研究者和被访者之间的疏离感、陌生感。我们不用去害怕把我们自己的一套叙述框架凌驾于对方的讲述之上,也不必担心对方的讲述会被我们包装成"他们"的故事。我们所描绘的,只是他们自己,是他们本真的生活。当然,前提是,我们要有发现身边、看到附近的敏锐。

另一方面,在田野里,有些学者喜欢带着预设的分析框架和理论脉络,去刻意寻找契合主题的研究对象,再经由这些通过筛选的被访者的访谈帮助,去填充一个已经事先架构好的研究设计。对此,以研究符号互动论著称于世的美国社

---

[1] 张鹂,《城市里的陌生人:中国流动人口的空间、权力与社会网络的重构》,袁长庚译,江苏人民出版社,2014年,页226。

会学家赫伯特·布鲁姆（Herbert Blumer）批评道："社会科学的研究学者有另外一套事先建构好的形象备用……他的理论知识、他自己的专业学术圈的既有信念，以及他关于经验世界是如何组成的观念，而这些观念让他在研究过程中可以有所遵循。任何一个细心的观察者都无法否认这种事实的存在。我们可以看清楚，一个人如何为了满足他的理论而形成他的经验世界图像，如何根据自己所共事的那些同事当前共同接受的概念和信念组织这些图像，又如何塑造图像以求吻合科学规约的要求。我们必须坦诚地说，社会科学研究者在研究某些社会生活领域却无第一手知识时，他们就会用预构的形象来塑造那个领域的图像。"[1]

在经过精心挑选的田野里，学者们对研究对象的日常生活和行动进行记录并加以阐释，进而系统化，作为自然事实存在的文化和作为理论存在的文化看似在这个过程中弥合了。口述文本落入纸面，进入学院生产的标准和逻辑当中，学者们再用传统的科学论证方式、精英式的思维概念描述远离他们的当地人的日常生活，这使得理论介入有时并不是一种胜利，而是一种丢失和遮蔽。

而在"附近"中出现的人，他们早已经进入我们的日常

---

[1] Blumer, Herbert. 1969. *Symbolic Interactionism: Perspective and Method*. Englewood Cliffs, NJ: Prentice-Hall, p. 36.

生活，和我们建立起或远或近的联系。我们在既有的故事网中，继续不断地拼接细节和延展范围，并从中生出新的理论构想。在我看来，学者的基本能力，首先是要讲清楚一个完整的故事。社会学家都是说故事的人，在故事的基础之上，我们才能够更好地去发酵理论。

如何描绘具体的人：抒情与深描

在本书的写作中，我采用了抒情与深描两种方法，重点抓住被访者的生命细节，突出现场的多样性和流动性，对话、衣着、表情、动作、惯习、关系、权力的不对等，等等，以期呈现出主体人物具象化的生命体验。

标准化的社会学质性研究，被访者都不是以具象的"人"出现的：他们没有自己的名字，取而代之的，是编码过的"某某""××""ABC""123"；他们也没有自己的面孔，也从来不会出现文学作品里的细致描述——"他的嘴唇因为干裂像是翻起的土豆皮，而他伸出的手冻裂以后布满了一条一条暗红的伤痕"[1]。这种抹去被访者主体性的表达，看重的是"某某"的共性，而不是个性，是把被访者作为一个社会生活中

---

[1] 这句话出自余华，《文城》，北京十月文艺出版社，2021年，页2。

符号化的人来看待,而不是他个人。[1]

看到具体的人,就意味着抓住宏大叙事所忽略的被访者人生中的每一个细节——他们穿什么衣服,他们怎么说话,身上有什么气息,跟他们的过往有什么关系,同时记录下书面语言无法还原的口音中所包含的情感和质感。美国哲学家理查德·罗蒂(Richard Rorty)在《偶然、反讽与团结》(*Contingency, Irony, and Solidarity*)一书里讨论弗洛伊德时说了这样一段话:"弗洛伊德告诉我们,任何东西,从一个字的发音,一片叶子的颜色到一张皮的触感,都可以用来将一个人的自我同一感(自我认同)加以戏剧化和具象化,因为这一类东西在个人生命中所扮演的角色,其实是过去哲学家认为可以只有普遍共通的东西来扮演的,这类东西可以把我们一切言行所负载的盲目模糊印记加以象征化,它们表面上杂乱无章的凑合,其实都可以构成生命的基调。"[2]

强调关注生命基调的写作,就必须更加在意对于本地现场的深描,对于读者情感的唤醒。

什么是抒情?芝加哥大学社会学教授安德鲁·阿伯特(Andrew Abbott)在一篇题为《抒情社会学》(*Lyrical*

---

[1] 本书第三章关于流动菜贩随迁子女教育问题的田野调查,则采用了传统的质性研究方法将被访者进行编码处理,读者可以很自然地看出两种写作模式之间的细微差异。
[2] 理查德·罗蒂,《偶然、反讽与团结》,徐文瑞译,商务印书馆,2003 年,页 55—56。

Sociology）的文章里如此写道："作为研究者，我们发现社会生活不但是复杂的和有趣的，运转良好的和令人不安的，而且它的多样性和流动性也会令人惊叹、激动和快乐。我们的读者应当了解的不仅是社会的前因和后果，优点和缺点，也是它的美丽和忧伤。"[1]

阿伯特反对研究中"标准的、用变量作为'叙事'的定量调查和定性研究中以叙事和用因果来解释社会生活的方法"，并区分了"叙事（narrative）"和"抒情（lyricism）"两种不同风格的写作。"叙事"的社会学关注社会现象是如何产生、如何发展的，用记叙的方式探讨事件的因果；抒情社会学则是对社会现状的描绘，强调一种时空的开放，记录的是"强烈的情感和极具感染力的人类生活中的复杂性"，而写作的目的则是"唤起读者们脑海中甚至是心底的相同情感"。

按照阿伯特的说法，抒情社会学的中心情感是生活瞬间的互相碰撞和人类彼此的共情。我们感受自己的经历的方式通常是感性的、瞬间的，而了解别人的经历时更希望有种感同身受的通感。抒情社会学的价值在于通过构造场景和画面，唤起读者的道德直觉和共同的人性联结，从而避免鲜活的生

---

[1] Abbott, Andrew. 2007. "Against narrative: A preface to lyrical sociology." *Sociological Theory* 25(1), 67–99.

命叙事过度陷入宏大而僵硬的结构之中。

阿伯特给出了两个例子。第一个例子是耶鲁大学社会与自然科学教授尼古拉斯·克里斯塔基斯（Nicholas Christakis）描绘自己做实习医生时的经历。书里没有记叙医生诊断疾病的过程，比如哪位医生对哪个病人做了诊断，他们一开始怎么告诉病人他们的病情，在治疗过程中的变化，病人的状况，或者出于什么原因医生们做了这些决定，等等。相反，书中的主要内容是医生们会诊时的场景描画，以及克里斯塔基斯在观看医生诊断时五味杂陈的感受。[1]作者展现出医院这个空间中病人、医生和未知的危险疾病之间的境况，以及他作为一个医学生如何感到医学、科学的话语与人的复杂性产生冲突，从而使得所描绘的人物、空间都沾染上作者的直观感受。

另一个例子则是普林斯顿大学人类学家迪迪埃·法桑（Didier Fassin）对于巴黎城郊的警察进行的一项为期15个月的田野调查。在这部研究作品里，法桑用大量篇幅描写了警察们无聊冗长的工作日场景，并运用了很多修辞手法来把情感传达给读者，让读者感受到自己似乎是在同时经历着巴黎警察的日常生活。[2]

---

[1] Christakis, Nicholas A. 1999. *Death Foretold: Prophecy and Prognosis in Medical Care*. Chicago, IL: University of Chicago Press.
[2] Fassin, Didier. 2013. *Enforcing Order: An Ethnography of Urban Policing*. Cambridge, UK: Polity Press.

"深描"(thick description)的概念则来自格尔茨。在《文化的解释》(*The Interpretation of Cultures*)一书中,格尔茨明确指出,深描并不是要刻画"原始事实",而是要说清楚那些地方发生了什么,如同写生一样,是对现实的一种描摹,力图制造一种极其写实的场景,以"能使我们与陌生人们建立起联系"[1]。而建立联系的目的,正是更好地去理解田野中被访者的行为举止,及其背后所附带的文化内涵和符号性意义,以及这些意义如何在本土的情境中构建出意义之网。

一个简单的深描例子是格尔茨所举的"眨眼"这一生理行为:一个无意间的眨眼,也许仅仅只是一个生理性动作,这一动作是如此细微,几乎不值得去特别关注。但如果采用深描的方法,不仅仅会记录下这一动作,还会分析这一眨眼动作是否是在精心布置的环境气氛中出现的,是否带有特定的情感象征,又是否带有隐藏的文化内涵。这是一个有意为之的表情展示,还是一个被动式的应激反应?是挤眼还是假挤眼,是模仿还是模仿之练习?

在格尔茨看来,意义是公众性的,每个生活在该文化里的人都会理解,所以理解文化的方式不是站在外界看整体,而是站在整体内部理解自己的周围;同时文化也是地方性的,每个群体都有属于自己的文化逻辑和认知体系。如此,"深描"

---

[1] 克利福德·格尔茨,《文化的解释》,2014年,页21。

的关键就在于"从当地人的视角看事情",只有当地人才能够做出文化的阐释,因为这是他们的文化,他们就浸没在这种阐释当中生活。当地人亦不会理解来到田野中的学者们对其日常生活所做出的阐释,任何对其生活和日常进行文本化和图像化的工作都会造成一种画蛇添足的陌生感。这种学科的阐释能够帮助其他人理解当地的文化,唯独对当地人是失效的,他们不需要通过这种阐释来理解自身。

以英国杜伦大学社会学教授丽莎·麦肯齐(Lisa McKenzie)对诺丁汉工薪阶层社区的民族志研究为例,她发现虽然工薪阶层社区的居民会内化社会上的一些通俗观念,比如"穷人之所以贫穷是因为他们和他们的父辈懒惰",但更多人对政府和学术的话语表示不认同。当麦肯齐在田野里谈起布莱尔政府一直强调的"社会排斥(social exclusion)"问题时,她发现这对受访者来说是个完全陌生的概念。很多人是第一次从社会工作者、律师口中听到这个词,才知道自己是没有价值的、被社会排斥在外的"穷人"。有些受访者尽管在申领社会福利时感受到了他人的偏见,但这不足以让他们感觉"被社会排斥";相反,他们觉得物质生活上的不足不能彻底成为对自己的定义,反而觉得这些标签是让他们被区别对待的原因。[1]

---

1 McKenzie, Lisa. 2015. *Estates, Class and Culture in Austerity Britain*. Bristol, UK: Policy Press.

麦肯齐认为，正是因为工薪阶层的社区对世代生活在这里的居民有着重要意义，这里是他们亲情、友情的空间，所以大多数人在这里感到安全和归属感，而不是公众眼中的凄惨和暴力。他们对于自己的生活和社会地位有着复杂、模糊甚至矛盾的理解，因此，如果想成功阐释一个底层的群体，就必须要先抛弃一些先入为主的主流叙事，不能仅把这一群体描写成政策实施的对象、需要解决的社会问题或者被边缘化的苦难者，也不能仅用学术理论框架或政策话语来讲述他们的经历，而是必须要从他们的认知体系出发。如果把贫困区看作没有规则和法律的落后地区，或者以"边缘／中心"的二元思路来分析，就会忽略底层真实的生活经历和他们日常生活中的乐趣与智慧，以及他们如何看待对他们而言同样是"他者"的精英或中产阶级社会。

从这层意义出发，共情、阐释的田野研究才能让读者看到立体的"他者"生活，而非以研究者天然的权威来定义某一个群体。韦伯说："人是悬挂在由他们自己编织的意义之网上的动物。"[1] 社会学难免会关切人们的信念，以及支撑人们社会行为的各种价值；社会学家同样也对社会与世界怀抱着信仰，甚至还抱持着认定应该如何组织社会与世界的情怀。假使社会学家所有的社会构想与概念，都不可避免地要沾上

---

[1] 转引自克利福德·格尔茨，《文化的解释》，2014年，页5。

他自己的价值与信仰，那么由此产生出的知识，如何能够不充斥着观察者本身的价值和偏见呢？

在我看来，只要有写作，作者就必然存在；只要有田野工作，观察者的主观就必然存在。而最重要的事情是如何反思写作者本身的立场、地位和权威，让这种研究过程中的"障碍"成为一种有生产力的进一步理解当地人的方式，从而更好地展现出每一副鲜活具象的面孔。

这应该才是有价值的写作。

为什么要描绘他们的历史和未来：田野中的历史社会学

本书的另一个特点，是我在田野中有意识地带入了历史社会学的视角，通过描述人物的生命史（biography），捕捉个体在历史跌宕流转过程中的行动选择，进而去探讨背后一些宏大的社会学命题。特别是在那些小径分岔的人生十字路口，每一个外来务工者都面临着艰难的选择——譬如要不要回乡，要不要坚守，要不要去看病，要不要把孩子留在身边。而每一次选择的背后，又是这一群体在社会结构的压力下，被磨损掩蔽的伤痛、记忆、裂痕、性别、欲望、隐忍，等等社会问题。

社会学本就是带着"历史"的胎记降生的。自诞生伊始，这一学科便致力于从经验、历史与观念等综合层面来透视总体生活的全貌，诸如资本主义的诞生、现代国家的起源、工业化与城镇化的发展、社会制度的演进与更迭这样宏大的命题，无不是社会学所关注的焦点。历史学家菲利普·艾布拉姆斯（Philip Abrams）甚至道出："历史社会学是社会学这一学科的本质。"[1] 只有把握人类社会在历史上的多样性，才能充分阐述清楚所研究的问题。即便是那些有限的情境、看似静态的事件，也与较大的结构性动因有着千丝万缕的关联，而历史的研究则是我们洞悉社会结构的必经之路。

美国社会学家赖特·米尔斯（C. Wright Mills）在《社会学的想象力》一书中亦指出，社会学独特的"心智品质和洞察能力"，是"将公共议题与个人困扰相关联，与个体生活的问题相关联，才能揭示前者的人性意涵"[2]。每个人都不是孤单的，生命轨迹中都穿插着一些公共事件的痕迹，故事中都具有一定的公共性和社会性。也因此，我们需要承认大历史中的个人地位，看到个体、群体背后所代表的一种结构性的社会动因。这些群体是一个个的个案，同时又是一个时代的代表。他们所遭遇的困境和冲突，反映的往往是社会世界深层的结构性矛盾。布迪厄在揭示个人苦难的社会性时，就

---

1 Abrams, Philip. 1982. *Historical Sociology*. Ithaca, NY: Cornell University Press, p. 2.
2 赖特·米尔斯，《社会学的想象力》，李康译，北京师范大学出版社，2017年，页319。

提出个人性即社会性，最具个人性的也就是最非个人性的方法论主张。[1] 社会学的写作意义就在于此，可以更好地总结这些代表性的声音和故事，并推演时代的弊病，或者是对历史发展特定时间段中一道特定的伤疤进行长时段的历史溯源，而不再仅仅沉迷于当下正在发生的事情，只是从中抽出一个截面进行解读。

如此，我们更加有必要去从每一个有名字的小人物的历史中去捕捉生命的颤动。通过对被访者生命史的把握，探寻他们行动背后的原因和动机（无论是主动抑或是被动的动机），并与整个社会的历史过程（history）相对照，唯有这样，才能更进一步揭开日常生活中那些隐秘的意义。

爬出洞穴，把裤子的屁股部分弄脏

在《穿透：像社会学家一样思考》这本书里，我曾经指出，社会学天然带着批判的利刃和深入底层的强烈关怀，能够带领我们穿透日常生活的图景，看到一个大时代在结构性迭变趋势下，所带来的诸多问题和困境。

那么，社会学者，又如何才可以穿透日常生活的图景，

---

[1] 转引自郭于华，《倾听底层：我们如何讲述苦难》，广西师范大学出版社，2011年，页2。

在田野中发现中国社会的真问题？

纽约大学社会学教授哈维·莫洛奇（Harvey Molotch）在芝加哥大学获得了他的社会学博士学位。他描述在他年轻时，社会学是一种混合了赖特·米尔斯（Charles Wright Mills）、杰克·凯鲁亚克（Jack Kerouac）与享利·米勒（Henry Miller）等"所有那些从边缘通过越轨、吵吵嚷嚷、和/或满嘴脏话来了解世界的英雄"的研究。[1] 然而，在现在的社会学世界中，社会学家不再是凯鲁亚克式的，他们甚至无法拥有一个普通人的正常生活，职业的评聘、晋升成了构成生活的一切，在那些似乎没有尽头的学术会议、行政表格、同行评议以及论文写作中不断深卷，而缺少足够的思想空间和田野实践。

我们似乎都蜷缩在自己的洞穴里，对除了跟我们相似的人以外的其他所有人都知之甚少。而一旦进入田野，又常常不得不在田野现场和所研究对象之间划定界限，并做出一个看似合理的决定：为了收集信息，我们在多大程度上愿意参与到研究对象的生活中？

要爬出洞穴，对社会有最真切的了解，就必须像城市社

---

1 "All heroes who knew the world through its edges—deviant, strident, and/or dirty mouthed." Becker, Howard. 1998. *Tricks of the Trade: How to Think about Your Research While You're Doing It*. Chicago, IL: University of Chicago Press, p. 16. 中文版参见贝克尔·霍华德，《社会学家的窍门：当你做研究时你应该想些什么》，陈振铎译，重庆大学出版社，2017年，页21。

会学奠基人、美国芝加哥学派代表人物罗伯特·帕克（Robert Ezra Park）所说的那样："去坐在豪华旅馆的大堂里，也坐在廉价客店的门阶上；坐在高级住宅的沙发里，也坐在贫民棚屋的地铺上，坐在庄严堂皇的大音乐厅里，也坐在粗俗下流的小歌舞厅中。简单说吧，去做实际研究，把你裤子的屁股部分弄脏！"[1]

芝加哥学派的社会学家们在展开城市研究时所使用的主要方法是城市民族志，这一方法要求研究者搁置先见、剥离自身与所研究群体的道德判断，通过打入内部（blend in）的方式，切身观察他者的生活，并通过"自己成为自己的陌生人"，打破过往经验对自我认知方式的囚禁，以期获得对所研究群体的充分理解。无论是出租车舞厅（taxi-dance hall）还是街头黑帮，第一手的经验都来自那些精英人士无从了解的社会阴暗之处。总的来说，这是一种将个体的身体、地位和自己的社会关系向世界的不确定和未知充分敞开的方法。当置身于另一群个体的生命历程中，在身体和精神上同时渗透进入他们的社交圈，我们就有机会咀嚼生活两次，并在一层层经验图景所组成的断面中更清晰地看到自己的图像。通

---

[1] "Go and sit in the lounges of the luxury hotels and on the doorsteps of flophouses; sit on the Gold Coast settees and the slum shakedowns; sit in the Orchestra Hall and in the Star and Garter burlesque. In short, [ladies and] gentlemen, go get the seat of your pants dirty in real research." An unpublished 1920s quote by Robert E. Park, recorded by Howard Becker.

过对他者的细腻观察和比照,我们才会发现那个不曾有机会反思和观察的自我。这种对于自我的神圣自观在其他任何学科方法中都是很难达成的。

而当我们爬出洞穴,不可遏制地为欧文·戈夫曼(Erving Goffman)笔下"行动真正发生之处(where the action is)"[1]的城市所着迷,或许,我们也必须要接受另外一种事实,终其一生都将不得不面对克洛德·列维-斯特劳斯(Claude Lévi-Strauss)在思想自传《忧郁的热带》(Tristes Tropiques)一书中所说的残忍的"无根性":"他(人类学家)生活与工作的情境,使他不得不远离自己的社群一段又一段长久的时间;由于曾经经历过如此全面性、如此突然的环境改变,使他染上一种长久不愈的无根性;最后,他没有办法在任何地方觉得适得其所;置身家乡,他在心理上已成为残废。"[2]

保持恰当的距离就此成为田野中一项难以把握的微妙技术。进行社会科学研究所做的介入工作,即使只是如同胃镜一般尽可能减少切面地探知真相,也无可避免地会对机体本身造成一定破坏。这并非民族志研究的方法论缺陷,我们应该意识到,自由状态是不存在的,我们在把握它的同时也失

---

[1] Goffman, Erving. 1967. *Interaction Ritual: Essays on Face-to-Face Interaction*. Chicago, IL: Aldine Publishing Company, p. 149.
[2] 克洛德·列维-斯特劳斯,《忧郁的热带》,王志明译,生活·读书·新知三联书店,2005年,页54。

去了它，呈现本身亦是一种抹杀。就好比摄影一般，当我们按下快门的那一瞬间，摄影就已不是再现真实场景，而是永别，那光芒来自永远无法抵达的过去；而学者们在田野里所做出的努力，正是在这种无法挽回的绝望现实中，掬起难以把握的流沙。

研究者是否可能真正表达底层？

本书中另一个值得讨论的问题是，学术研究本身是否构成了一种对底层的消费——底层的题材演变成为"新的学术生长点"，是不是研究者对于道德立场的标榜，或者借底层的苦难来表达自己的而非写作对象的观点。如何进行对底层的"真表述"？当底层没有形成属于他们的话语体系来表述自己，是否就不会存在真正意义上的"真表述"？知识分子到底有没有资格和能力表述底层？由这些问题引申，当研究者认为自己进入了被研究者的世界，就必然会写出以被研究者为主体的作品吗？

很多研究者在书写底层的同时没有真正了解底层，仅仅是把乡土、农村当作怀旧的对象而非寻找意义的场所，从而在写作中造就了对底层的刻板印象。研究者和知识生产过程本身成为对底层的符号暴力，不仅造成社会对底层的边缘化，也会造成底层自己对自己的边缘化。因此，在一些研究者看来，只有底层的自我表述才能成为"真叙述"。譬如学者刘旭就彻底反对知识分子代言底层，对底层表述有着非常激进的批判："他们（底层）都是被表述的'他者'，表述得再伟大也是一种扭曲，真正的他们仍然没有出现。现在要做的只是去发现他们如何被表述，每一种表述扭曲了什么，其目的又是什么，对他们产生了什么影响，扭曲之后整体的社会后果是什么。只有当底层有了表述自己的能力的时候，才会有真正的底层，一切底层之外和从底层出身但已经摆脱了底层的人都丧失了表述底层的能力。因为被表述意味着被使用和利用，即使最善意的他者化表述也是使用底层来证明不属于底层的东西，或将底层引入误区。"[1]

但另一方面，当底层自己表述自己时，也可能是内化了来自精英阶层思想的结果，从而导致底层继续保持着失语的状态，但知识分子却已经完成了其学术生产的精神使命。换言之，当精英阶层对知识的垄断渗透了整个社会，研究者对底层的消费就不可避免——研究者从研究过程中获得的永远比被研究者多很多。作为一个介入被研究群体的外来者，研究者本人可以获得更多的写作素材，甚至可以通过一部研究著作获得工作、晋升等机会。同时，研究者也更容易从这些关系和他人的生活中脱身，回到自己原本的生活中。而被研

---

[1] 刘旭，《底层能否摆脱被表述的命运》，《天涯》，2004 年第 2 期。

究者的物质生活通常没有什么改变，唯一的改变可能就是让他们的形象进入公众的意识。此外，对理论的执着也一样可以成为学者消费底层的方式，甚至成为一部分学者批评其他学者所"代表"的底层的不正当性的批判工具，最后会导致对"底层的话语权"的全盘否定。

譬如，纽约大学社会和文化研究学者朱迪思·斯泰西（Judith Stacey）就指出，在研究者尝试作为朋友参与到被研究者的生活中时，"剥削"（exploitation）几乎是必然的。她以个人在田野中的经历举例：她非常重要的一位被访者在田野文章完成前不久过世了，而她感到自己可以算作这场悲剧的"受益者"（I stood to benefit from this tragedy.），因为他的家人参加了悼念会，他的葬礼因此成了新的"研究机会"，她可以从中得知更多关于这一家人的信息。另一个例子则来自斯泰西对基督教家庭中女同性恋者的研究。她的受访者希望她不在写作中提及自己的个人历史。按照一般的伦理标准，她必然需要尊重被研究者的意愿，但这样就会造成她在写作中损失非常有用的信息，也让她无法为该群体发声、继续跟随主流社会让这个群体保持沉默，而这也违背了很多女性主义者的目标。[1]

---

1 Stacey, Judith. 1988. "Can there be a feminist ethnography?" *Women's Studies International Forum* 11(1), 21–27.

针对这一田野困境，哈佛大学社会学家马里奥·斯莫尔（Mario L. Small）在田野里区分了两种研究者，分别是"富有同情心的观察者"（sympathetic observer）和"勇敢的融入者"（courageous immersive）。偏颇与成见在研究中是不可避免的，研究者只能选择立场，不能彻底客观地代表一个群体。于是，很多研究者选择站在被研究者的立场，以富有同情心的写作来人性化（humanise）边缘群体。而在斯莫尔看来，同情心并不能带来"真表述"，也同样会使边缘群体失声，因为这样的写作有可能使研究者不经意间制造出对边缘群体的刻板印象，转变成一种来自中产阶级的凝视。[1]

斯莫尔认为，每一个学者都会经历两种"代表"（representation）的过程，同时代表被观察到的事物以及观察者自身。观察者本身需要在写作中展现出他们的知识、讲故事的能力、分析和研究的能力，带领读者走向"真相"。由此，斯莫尔提倡写作者的"共情"，而非面对底层社会的苦难时却依旧强调"价值中立"。如果一个学科过分追求"客观中立"，带来的极可能是漠视，也就是布迪厄称为"社会巫术"（social magic）的现

---

[1] Small, Mario L.2015. "De-exoticizing ghetto poverty: On the ethics of representation in urban ethnography." *City & Community* 14(4), 352–358.

象——用"科学客观"的手段来解释并且合理化存在的不公正，执迷于现存的"结构"而不提供崭新的知识。

相反，带有共情和同理心的写作能带动读者设身处地站在他人的立场，理解到边缘群体中的个体也是多维的、复杂的，对于事物有着矛盾的看法和感受，而不是没有主观能动性的被压迫者、受苦者。无论是中产阶级、白领、性少数群体还是穷人、流浪汉和罪犯，社会学民族志的任务应该是"解剖社会中的机制和引导各个群体行动的意义，情境化他们的道德、策略、人生轨迹，并且用这样的方式书写所有群体。"[1]

在我看来，比起纠结于"研究者是否可能真正表达底层"或底层能否拥有独立的话语体系，真正的田野关怀应该更加关注三个方面。

首先，研究者在进行底层研究时，应该下沉到底层的日常生活世界，突出"在场"。田野研究实则是一个与人交往、建立亲密关系的过程，而非研究者作为知识分子、大学教授单方面地从受访者身上获取知识。研究者对待被研究者的态度应该是平等的而非"审问"的，尊重每一位被访者内心的感受和个体的多样性，而不是单纯地、一味地只关心自己的

---

1 Wacquant, Loic. 2002. "Scrutinizing the street: Poverty, morality, and the pitfalls of urban ethnography." *American Journal of Sociology* 107(6), 1468–1532.

问题意识。只有"在场",才可以全面认识底层社会与精英社会不同的场域和逻辑,看到底层社会的自主性,避免学者以精英的概念和方法把底层生活包装,再呈现给一样属于精英阶层的读者。

譬如,在《底层北京》(Beijing from Below)一书中,英国文化人类学者艾华(Harriet Evans)通过长期的"在场"观察,把底层从历史中失声的客体转变为叙述的主体。她以生活在大栅栏的居民和他们的家族故事作为主体章节,以当地人的口吻来叙述他们的个人生命史,其间穿插着她本人的立场和分析,包括对访谈过程的感想、所感受到的受访者情绪、底层的生活策略以及更宏大的时代背景,从而深度展现出底层如何在权力结构的束缚中依旧顽强保留着个体的话语和抗争的痕迹。[1]

其次,田野中,研究者应该尽可能地直接引用被访者原话,保留他们身上的阶层和文化特征,详细记录他们的生命史,以书写更完整的个体。同时,也应尽可能地展现被访者的主观情感,从而避免将来自精英话语体系的语言习惯、价值判断和历史观投射到写作中。

需要注意的是,尽管需要引用受访者原话、记录生命史,

---

1 Evans, Harriet. 2020. *Beijing from Below: Stories of Marginal Lives in the Capital's Center*. Durham, NC: Duke University Press.

研究者进行访谈、写作的过程本身仍然可能潜移默化影响表述的真实性。以作家林白的小说《妇女闲聊录》为例，尽管全文似乎是一个农村妇女木珍在闲聊，但作者可以通过技巧性的诱导来拟定话题、主导对话，访谈的内容会逐渐被推动成研究者想听到的答案。同时，林白希望这位木珍用农村妇女的口语来表达，但实际这不是木珍最自然的表达方式，进城生活的经历让她在日常用语中夹杂方言、土话和书面语，对"自然表达"的过分追求反而使表达变得不自然，理想化的"自然"和农村妇女形象变成了对作品的包装。最后，在直接、间接叙述的交替中和在方言比例的把握中，作者本人的话语和观点也融入了文本，写作的过程成了精英话语对底层的渗透，成了"隐形的权威控制者"，"自我表述"和"表述他者"的界限又一次模糊了。[1]

此外，研究者也常常会在口述史之外，查询官方的档案和资料。口述历史与当地历史、官方档案与记载并非是冲突的，两者的对比和摩擦恰恰是口述史研究的价值所在。

艾华在对北京底层的研究中，也指出口述史不应该存在个人叙述和"历史事实"的区分。首先，二者没有优劣之分，不应该以精英阶层或者官方记录下的"历史事实"来核查个

---

[1] 参见孙国亮，《从主体生成论的视角诠释乡土文学发声的困境》，《上海大学学报（社会科学版）》，2011年第3期。

人叙述。这两种信息来源应该被学者交错阅读，从而得知什么被记住了、什么被忘记了，以及不同的群体如何阐释和理解过去的事件。其次，研究者也应该正视研究计划和实地访谈内容之间的偏差，尽量避免把官方记录作为主体，因为在谈论同一个历史事件时，研究者和受访者可能有非常不同的理解。尽管艾华不否认她的受访者的生活经历是被国家、政策还有社会变革所深刻影响的，但这不妨碍研究者想办法避免站在精英或者官方的视角驾驭对话，从而得到"想要"的答案。[1]

再次，研究者应该有更多关于如何在研究中帮助被研究群体的探讨。研究者应该在研究中进行干预，尝试提出如何给弱势群体提供实质性的帮助，并挖掘出在结构层面和政策层面带来改变的可行方案。对此，社会学家沈原提出了社会学的"强干预"和"弱干预"两种形式。"强干预"的手段更适用于弱势群体：学者可以通过自己的社会资源和知识来给弱势群体提供帮助，比如通过和学校、其他学者合作，组织法律宣传、法律援助、医疗体检等，甚至包括举办夜校，补习英语、计算机知识等，让弱势群体充分意识到自己是行动者，拥有对自己独立的支配权。而"弱干预"更适用于"社

---

[1] Pia, Andrea E. and Harriet Evans. 2021. "Beijing from Below: A conversation with Harriet Evans." *Made In China Journal*, 15 June 2021.

会自组织机制得到较为充分发育和显现的地方",可以包括提供适当法律、技术援助,或者联系机构为研究参与者提供便利等。社会学干预是建立彼此关系的一种过程,从而避免学术研究成为学者的"冷眼旁观"和单纯的"剥削"。[1]

在本书的最后,我想再次指出,对于社会学的田野工作来说,我们应该明确作为"说故事的人"的职责,警惕理论和技术介入所带来的破坏,变换理论投射的角度,制造更多空间,让不可见的事实真相变为可见的;同时在不可理解的背后,不断挖掘理解的可能性;不必苛责去穷尽现实的真实,而是反思现实背后被遮蔽隐藏的结构性意义;不必带着用光去拯救暗夜的态度进入田野,恰恰相反,正是暗夜本身凸显了生命和光的存在。

---

[1] 沈原,《"强干预"与"弱干预":社会学干预方法的两条途径》,《社会学研究》,2006年第5期。

尾声

与项飙对话：附近，一个社会学视角

项飙，牛津大学社会人类学教授、德国马克思·普朗克社会人类学研究所所长，著有《跨越边界的社区：北京"浙江村"的生活史》《全球"猎身"：世界信息产业和印度技术劳工》《把自己作为方法》。本节整理自和项飙的三次对话：2021年2月21日，"人间非虚构沙龙：非虚构写作的社会学意义"；2021年5月23日，"非虚构写作与中国问题：文学与社会学跨学科对话"；2021年8月14日，"看不见的城市：都市里的陌生人"。

以"附近"作为舞台

严飞：这本书关注的是挣扎在城市底层的外来务工者，他们生活、工作在我们的附近，却是都市里的陌生人，是我们身边的陌生人。我特别喜欢德国社会学家齐美尔提出的"陌生人"这个概念,我们讨论陌生人的时候有两种不同维度:一种是大街上完全没见过面、完全不认识的,这是一种陌生人;另一种是每天都会接触,或者每隔一段固定的时间都会有接触的陌生人,比如外卖员、快递员、保洁阿姨,他们会在我们生活中不断出现,但是他们即便不断出现,我们和他们依旧缺少亲密的联结,也极少发生长段的对话。从这样的意义上来讲,他们也是我们的陌生人。

在我看来,即便在看似很冷漠的大都市里,我们和这些陌生人之间,也是可以产生非常紧密的一种联结的,这让我们不仅看到了具体的人,而且看到人们重新联结的可能性。

在这本书中,我想以"附近"(the nearby)作为研究框架,去描绘这些在我们日常附近出现的打工者,他们是帮我们找房子的中介、为我们做家政的阿姨、给我们送外卖的外卖员、帮我们装窗户和做家具的工人、在菜市场卖菜的菜贩,以及小区里值班的门卫保安,等等。这些人,无论他们在学术层面上如何被定义为农民工、新生代农民工、外来务工者、流动人口、新蓝领、新市民,他们都是在生活中和我们有着千丝万缕联系的普通人。

所以,我想通过这本书来记录这些陌生人的状态,以及每天生活在城市里,他们和我们之间会有什么样的交集,这样一种交集也是跟"真实的附近"产生亲密的关系,看到真实附近里具象的人是如何紧密联系在一起的。真正的陌生人不会是完全和我们没有任何交集的。

项飙：我觉得你的创作是非常有意思的探索，从方法的高度发展"附近"的想法，并付诸研究实践，对我来讲也是一个很大的鼓励。这本书主要针对的读者是大众，但你现在也在探索这个是不是能够成为一种"大家注意自己身边的生活"的方法，进一步看能不能把"附近"转化为方法，一种研究的方法和记录的方法。这两个当然不是分割开的，大众的社会修养和学者的研究方法两者如果能够有一定的统一性，那当然是彼此能够促进的。

这几年，我也的确对"附近"的问题比较感兴趣。重新塑造"附近"这个问题就跟叙述有关——叙述是把多面的、看似分散的事情重新放在一起，构造一个意义上的结构和秩序。历史就是一个叙述，把事情根据时间的流程和逻辑进行排序，这是比较重要的工作。

当我们说"附近"的时候，我看到很多人又会回归到一种田间的熟人社会的浪漫想象，包括大院的想象。对于真正的附近，我同意"附近"的多样性，另外一点，我们提出现在社会的"悬浮"，或者是流动当中的"附近"的时候，它的新意在哪里？我比较在乎新的意义。这个"附近"在城市化的中国中，新意在哪儿还是要回归到传统的想象当中来讨论。

首先，"附近"肯定不是回到过去单位制下的"大院"，

"大院"的模式不能叫"附近",因为其中有非常高的同质性存在。后来大院、单位制解体之后,我们感受到的很多社会伤害也是与此有关。现在你去采访很多大院里的人,他们当时的那种优越感,对社会差别认识的有限程度,导致了他们要么对其他群体有所误解、非常鄙视,要么会对自己地位的失落而怨愤。因为大院里有很多下岗员工,也造成很多问题。

其次,高度一致性的社区建设,其实也是"附近"概念所反对的。现在的社区建设本身不是问题,"社区建设最后500米"的说法政府也在提,各种互联网大厂、快递、物流公司都在提。"最后500米"是社会控制的关键,也是新经济的利润来源。小区搞得越来越好,狭义上的社区建设我觉得不是问题,问题在于社区里面和社区外面的关系。社区里面的人和他的门房、外面送外卖的骑手还有门口摆摊的这些人之间的关系,这是"附近"要去捕捉的内容,"附近"的新意是在这里。

最后,重新去想象一个生活的构造、生活的意义、附近世界的构造,可能都离不开叙述。这种叙述通过线上的非虚构写作,是不是会沦为眼球经济、注意力经济、流量经济的一部分?短视频平台也是在说"附近的用户",但跟我想象的附近好像是倒过来的,是通过那种短视频把附近给碎片化、夸张化了,并不是进行一个多样社会关系的构造。比如小区里面的阿姨、清洁工、门卫、保安,还有小区外面的商贩，这些人之间是什么关系，这是附近的想法要建立的。但"眼球经济"下的"附近"、身边的事情，跟我想说的"附近"是倒置的，就是把一些片面内容夸张，不是看联系，而是看一起事件本身，突出事件的独特性。

严飞：这本书在研究方法上，其实也想做一些新的尝试。我在书里选取的 8 个主要的小故事，从社会学的定量研究思路来看，它们缺少统计意义上的代表性，不是通过随机抽样的一套方法选出来的。但是我在想，附近这些真实的故事，难道就不值得我们去记录吗？他们身上也许没有统计意义上的代表性，但是他们有被描绘的典型意义，可以帮助我们理解在今天这样的转型社会当中，城市的飞速发展、扩张、更新、淘汰，对这些普通人的命运如何产生了重要的、深远的影响。

而在社会学的质性研究中，一个常常被问到的问题，就是我们如何能够在保持与被访者之间疏离关系的基础上，来获取足够"深度"的素材。换言之，如何可以做到让被访者放松戒备，开始一种"自然"的讲述？

在这本书里，我所选择的那些被访者，并不是在一个瞬时认识的，或者说为了一个研究目的才去寻找并逐步建立起崭新的联系。这些人物，他们在我过去几年的日常生活中多次出现，产生了多层次的互动。他们知道我的职业和家庭，我也熟悉他们的人生经历，我们彼此已经建立起信任关系，所以当我提出要把他们的故事写出来的时候，他们都非常欣然地打开话匣子，和我分享很多生命的过去。这样一种访谈者与被访者的关系，可以流畅自然地去揭示出被访者那些隐秘的生活意义，是在一般的社会学质性研究中难以获得的。而这，也是以"附近"为方法对于这项研究所带来的一个非期然效果，并且效果很好。

项飙：我刚刚也完成了一篇关于"附近"的文章（*The Nearby : A Scope of Seeing*），我把"附近"称为一种scope（范围、范畴），这可能跟你所说的方法论的讨论，以及关于抽样的问题，也是可以联系起来的。

scope跟scale相对。scale是一个层级、一个规模，这种层级、规模从技术上讲是可以scale up（按照比例扩大）。所以抽样的背后很重要的一个思想是统计学意义上的scalability（可扩展性）：如果你是严格随机抽样，那么抽样出了比如说33个人，这33个人是可以代表1000个人的。从这层意义上说，它是一个scale up。scope则是要关注在你身边范围的多样性以及你和具体关系的存在，所以它不能够scale up——你不能说你的附近就代表北京，没办法在方法上论证这个事情。但是它作为一个scope去看，在一个范围内每个人的意见可能是不一样的，所以你不会做出很多很抽象的、大的判断。所有的东西都要通过这样的scope来过滤，不管是大的意识形态，还是小的个人情绪，比如你想想你所遇到的这个事情，小区那个保安会怎么看，其他人会怎么看，这样你对这件事的理解就丰富了。在社会学的研究里，能不能让 scope 也成为一种研究方法，这是严飞你的任务。

此外还有一点点延展的讨论。因为互联网科技的发展，都是从一个城市发展出商业模式，然后变成全国、全世界铺开，这都是关于 scale up 的。在今天，我们想要直接跟 scalability 斗争是斗争不过的，靠着大数据、算法，确实可以 scale up。但如果我们要重构比较有机的社会关系的话，就要真的理解人，要理解社会中的主要矛盾。所以我们想说是不是可以通过 scope，你能注意到"附近"的这些人之后，你可能就会对美团这些系统的运作机制，有更多不一样的理解。我这里讲得比较含糊，但意思就是 scope 也许还有更强的研究方法论上的意义，这对我来讲是一个课题。我可能回答不了，但你已经在着手在做这样的工作，你最有发言权。

严飞：我在书里记录了一位叫作红芹姐的菜贩，每次见到她，她都会滔滔不绝地讲述自己的经历：她如何身怀六甲还继续做重体力活，如何嫁了一个比她还要穷的丈夫，如何全家在北京打拼，慢慢地转换职业，最后做了菜贩生意。她有强烈的倾诉欲望，我就变成了她的树洞。我不再是清华大学一个社会学的老师，我们俩的身份鸿沟完全消失了，我们就是完全平等的倾诉者和被倾诉者。

我们身边、我们的附近,其实有很多类似的故事。比如请了保洁阿姨上门打扫卫生,我们不是戴着耳机在自己看电视、刷抖音、上网、听音乐,我们也许可以和保洁阿姨热烈地聊起来。对,我觉得有时候她真的很想和你聊天。

在城市里生活,有的时候大家其实是把对方当作一个工具,而不是鲜活的人。当自己被变成大企业的工具的时候,我们其实也在不经意间把别人当成工具——网约车司机就是一个交通工具,保洁阿姨就是一个扫地机器人。

项飙:说到城市,要讲起来就很多了,整个空间构造是外界抛给我们的。很多大楼建好了,我们个人觉得自己的生活也都被抛进去了——当然这并不是随机的,有多少钱,能够买什么样的房子,是跟社会结构有关系的。但是大家搬到这个小区里面来,互相之间都是不认识的,这是一种很随机的、被抛在一块儿的感觉。小区里面的人在经济地位上是非常同质的,跟小区外面的人又有隔阂。"附近"并不是要去克服这种"抛在一块儿"的感觉;相反,"附近"是说怎样能够利用这种感觉。反正大家都是对传统意义上的"土地""建筑"没有什么深厚的感情,都是刚刚搬进来不久。人们反而可以从这个地方出发,发挥主观能动性,去认识邻居,认识小区门口开理发店的大姐,她们家孩子上学怎样,再比如修车铺的人，等等，这样就形成一种多视角。

"附近"是一种要训练的能力，要在看到的东西里面"看到东西"。第一，对看到的东西不要熟视无睹。现在很多年轻人最大的问题，是对身边的事物熟视无睹，但是对那些非常遥远的想象的事物，却有很多设想。在这个意义上，"附近"和"非虚构写作"基本上是一个问题，因为非虚构写作必须要写附近，要写你熟悉的东西，才会写得比较有意思。

第二，"附近"是一套看见的技能（skill of seeing）。"技能"（skill）是看世界的层级，"附近"是一个舞台，要通过大脑去塑造出来，这个舞台里面应该有各种各样的力量，然后你才要去"看"。我们要做的其实是主观意识到这件事，然后去看自己的生活，看自己身边的人。

原来所谓"追求崇高"，这种抽象的、无处安置的激情在社交媒体时代很容易被点燃，很容易膨胀，而我们自己深耕的实际生活会越来越稀薄，大家到时候都会背着人造氧气筒呼吸，而没有能力去呼吸自己身边自然的空气。

与具象的人产生交集

严飞：在这本书里，我特别想尝试的一点，就是在社会学的分析框架之下，对每一个人物的故事进行深描，抓住他们生命中微末的细节，为每一个被访对象建立起一个立体、鲜明的形象，并与其他人真正区别开来。我现在特别喜欢描绘具象的人，不喜欢抽象的人，像那种一串数字或者一个符号。我越来越感到，抽象的人无法代替具象的人。

项飙：关于具象这个问题很有意思，"具象"这个词英文叫figuration，在绘画艺术里特指人物画。你知道刘小东吗？他是当代最重要的油画画家之一，他画的《三峡移民》《小子》等作品，会让人很感动，就是因为他可以把农民工长什么样子画得非常逼真，那些轮廓、棱角的细节，看见画作就可以一眼认出，这就是农民工，这就是我们平常生活里见到的那些农民工。

对抽象的人不感兴趣，对具象的人感兴趣，这听起来好像是很自然的一个事情，我们都是对人的生命历程感兴趣。为什么在今天越来越多的年轻人提"具象"这个问题，他们想知道更多的生命历程，或者说命运。我们原来学社会学不提"命运"这个词，命运这个东西没办法研究，现在很多人却要提这个。

我们这代学者对具象没有天生强烈的兴趣，我更感兴趣的是结构、肌理，宏大的事情怎么发生，通过具体的例子来做说明，具象本身只不过是我收集材料的方法。

今天中国社会变化一个很重要的方面，就是人们面目的模糊化。比如我们都知道有快递员，但是他们究竟长什么样是很不清楚的,好像面目非常模糊;他们生活里是什么样的,好像也是不清楚的。

面目的模糊原因是什么?一方面年轻人正在失去正视这些外来打工者的能力和兴趣,这也许会是你的书对读者产生的最大一个影响,就是要学会正视这些底层群体。另一方面是高度的个体化。我们为什么觉得"命运"不是特别值得去研究,因为打工者的命运是非常无常的,在城乡割裂之下,人生常常伴随着跌宕起伏。但如果你身处在一个20世纪七八十年代的集体企业里,就算工作没有太多保障,养老也说不清楚,你还是觉得你是群体里的一部分,个体和群体的关系比较清晰,所以个体没有非常高度的悬浮或者无常的感觉。

你在书里描绘的那一位19岁的孩子军军,在北京跟着父亲一起装窗户,他希望他的下一代可以留在北京,这个故事对我也是蛮有触动的。一个是说明他的生命非常无常,在自己这里不能够解决什么问题,不能够达到什么目标;再一个他自己和这个社会的联系,基本上只能回到血缘关系,跟父母的关系是最重要的,他所有的希望是通过血缘关系的下一代来寄托。当然19岁的孩子想这些事情是不太常见的,这就说明了高度个体化的无常,他自己无法和一个稳定意义联系起来,所以他的面目就变得非常模糊。

在这样模糊化的背景下,其他人不用正视这些打工者也可以获得各种服务。比方说，你跟快递员的关系，你和安装门窗师傅的关系，从本质上来讲不是人和人之间的关系，是你和 App 的关系。这在中国是有点特殊的，所以具象成为一个值得关注的研究问题，重新发现人们的面貌也成为一个新的方向。

另一个有趣的思路，你前面也提到过，我们常常和很多人有交集但是没有产生深度关联。这些有交集的人，就很难做到具象化。因为"交集"本身是非常就事论事，是随机而不稳定的，但是把每一刻的交集打开，也许这是今后可以尝试的方向。比方说快递员、外卖员给你送一个订单，他得笑容满面，因为他想要五星好评。这当然有货币的关系，有 App 技术上的关系，当然技术背后还有系统，等等。

我们觉得交集都碎片化了，好像成为了很不重要的东西；但恰恰相反，正是这样碎片化的、即刻化的交集在构造整个社会，也正是这种碎片化、即刻化的交集，把"正视"变得无关紧要，所以"具象的人"也基本不存在。因为人就完全成为当时劳动的一个载体，而不是一个具体的人。这也正是我感觉今后社会科学研究的一个工作方向，我们可以试图发掘这些"交集"及其在现代社会的意义。

严飞：说到交集，我觉得还有一个有趣的维度值得探讨，就是看到交集中的历时性。怎么样理解这个历时性呢？比如说我们之间会有交往，但是我们实际上是从不同的地方，从五湖四海来到城市里，每个人身上都有一段跟现在的生活完全不同的历史，然后在这个特定的时间、特定的地方进行了交流，产生了交集。这样的交往不牵扯到我们的过去，不牵扯到我们的生平情境，彼此不知道过往的历史，也不会主动去分享个人生命过程，更不会分享对于未来的具体想法，只是正好在这个时间点彼此碰到，是普通意义上的交集。

真正深度的交集是可以彼此分享我们的过往和历史、我们的家庭、我们对未来的期待和预见。当然，人们最容易的就是重复性地陷入日复一日的轨迹中，过着一种熟悉的生活，这给他们带来安全感。与身边的人保持友善的距离，亦是社会一种不成文的规范。主动打破这种规范，与他人产生深度的交集，需要有契机，也需要双方都要有分享和聆听的内在动机。

如果彼此开始分享，我们的交集就会变得有意义，并且会把个体层面的交集，上升到个人生活历程与历史结合面上的交集。都市里的陌生人，如果没有这样的交流分享，大家还是处在相对来讲没有深度勾连的一种状态。所以我觉得真正的交集要牵扯到对于历史和未来的分享。

项飙：".附近"其实也是一种交集，要强调 singularity（单一性、辨别性）。singularity 是说每个人都是不一样的，但这个不一样是有关系性的，因为附近跟社区很不同，它不是有一个群体，有一个共同体。在"附近"是完全没有共同体的，是不同的 singularity 怎么走到一起。我觉得怎么样走到一起，这个事情是一个理论问题，是需要研究解释的。singularity 可能是一个能够撬动我们思考的开始。因为现在大家都想讲每个人不一样，但怎么样去理解这个不一样，这可能是一个年轻读者比较喜欢考虑的问题。社会学里面所谓个体能动性跟结构，这些其实是非常教科书式的、比较机械的一些框架，它不能够真正撬动思考。

我还有一个理解，交集要越精确越好。如何精确？我们见到的所谓陌生人，不了解他们的历史，也不知道未来他们要干什么，这好像是一个比较一般的情况。我现在觉得比较有趣的是为什么会碰上。不仅仅是我们和他们的关系很浅，而是这个浅的关系为什么发生，这会是一个新的理论问题。

构筑田野的场景

严飞：在具象化的过程中，我也尝试着构造一个立体的场景，抛弃社会学传统研究中符号化的共性与脸谱化的描述。我会关注被访者所在的环境以及他们在环境中的位置和掌控力，是融入其间还是格格不入，他们的动作、情绪的微妙变化，从而更好地理解被访者对于访谈内容和访谈场景所赋予的意义。换句话说,我希望读者在读到这些文字的时候,会潜意识地在脑海中呈现出一个画面感,有一种"我也在场"的感觉。

比如新发地的红芹姐,她在新发地看上去混杂无序的菜市场场景下,如何表现出自己拥有深度的"地方性知识",与在地紧密黏合,熟络地勾连起场景中卖菜生意的网络关系图谱;而她的女儿辛子,当她的母亲当面跟我们热烈地夸赞她弟弟成绩好、有前途有出息的时候,她如何掩饰自己的局促,表现出似乎漠不关心式的抽离,独自一人默默在旁洗菜。通过对这些场景的具象化深描,我希望可以呈现出被访者完整的日常生活结构,以及在结构中的关系。

项飙:你提到的"场景""在场",这里可能有社会科学工作者可以发挥的东西。当然所有人都讲在场,小说也要把场景讲清楚,但是你的在场意义就深刻了,不仅仅是当时的物理空间,还有背后你讲到这些菜贩跟菜市场的关系,菜市场是很具体但是又很不稳定的,因为明天可能就关了。"场"这个东西是非常具体、非常物理性的,但同时又有很强的社会性,并且在中国变迁的城市里又是非常无常的。

这个"场"对我很有触动,因为"附近"就是一个场。但是我们说这个"附近"和我们平常讲的社区,或者地方、街道不一样,如果说社区是一个地方,"附近"就确实是一个场,一方面它是没有明确具体的边界,另一方面它强调你在其中的关系性和行动性。所谓有一个"场",言下之意是必然这里有什么事情发生,如果没有事情发生那这里就是一个地方,有个"场"就必然是以人为主的,以行动为主的,以关系为主的,而且这个"场"本身在变动,因为行动本身是不断变化的。怎么样把"在场"的这个"场"给它再理论化一下,这是一个值得思考的问题。我觉得其实没有必要引用理论脉络,你可以从自己故事里的一些问题引申就够了。

严飞:关于这个"场",我觉得可以由三种不同的视角去建构。第一,我在"场"的中心。我作为研究者,和被访者、和故事里的人物有一个共在的场,比如说在新发地菜市场、在五道口房地产中介公司、在城中村的小院里、在装修的工地上。我以主导田野访谈的身份,引导被访者完成一次深度访谈。在这个过程中,我会带有一条清晰的逻辑主线,比较明确地知道自己想要获取什么主观信息,如何引导被访者顺利完成一次有意义的对话。

第二,我在"场"的边缘。我作为旁观者,不参与现场的互动,而是观察这个场里所有的行动者,他们之间的言谈、行为、情绪、表达、和周围同伴的互动。这些关系和互动,都是被访者日常生活结构中长期形成的一种文化延续,是他们自身不会关注到的惯习。比如新发地红芹姐和她女儿、儿子家庭内部的"小场",这是他们每日不断在经历,但是自己又熟视无睹的一幕幕场景。我从一个外来观察者的角度，可以非常清楚地看到她和儿子互动的时候，女儿在一边默默洗菜，母亲对于儿子过分期待和关注，但她女儿早已经习以为常；母亲潜意识里对女儿冷淡但同时又饱含关爱，女儿也一样习以为常。对他们而言，这是每日都在发生的生活场景，但对作为第三方的我来说，可以察觉到红芹姐和她女儿、儿子家庭内部的这个"小场"是如何在发生微妙变化的。

第三，我在"场"的时间线上。这一个全新的"场"不是现场的场景，而是在和被访者产生交集的过程中挖掘出来的生平情境。在访谈时，被访者所展现出来的言谈举止、价值观念、对于社会的认知，实际上都与他们的个人生命历程存在着直接的联系，会将个人生命史的痕迹带入现场。由此，当被访者在分享他们的个人生活史或者个人生命过程，分享他们的家庭，分享他们的父辈祖辈、村庄乡土一些故事的时候，无形当中就在原本单一的时间线上增加了很多历史维度的流动场景。这种生命故事的发展和变迁，我也想把它描绘出来。因此我描绘的不仅是一个单一个体的现在时，同时这个个体有家庭，也有过去和历史，他们的过去时的"场"也有描绘出来的意义。

与此同时，格式塔心理学里，有一个关于"心物场"（psychophysical field）的研究。被个体知觉的现实世界称作

"物理场",而个体知觉现实所形成的观念则被称为"心理场"。根据这个概念,人们对周遭事物形成的整体"知觉"都是由观念和现实相互作用后结合形成的结果,即是对"心理场"和"物理场"的统一。面对同样的"物理场",由于知觉者有着不同的"心理场",所得到的感受和结论可能完全不同。

项飙:你整本书是在形成一个"场",这是比较重要的。如果要往前进一步发展的话,我们需要区别"场"(field)跟"场景"(context),可能越精确越好。"场景"context当然大家都认为是非常重要的,因为个体之间的交流或者意义的形成都要有一定的情境。被访者的记忆,他们以前发生什么,现在跟谁在这里,都是一个context。其实你任何的描述都必须要有一个好的context,没有context大家理解不了,没有办法形成一个丰富的阅读感受。当然你在具体描写的时候也要非常注意,比方说菜市场,你所描绘的菜市场为什么跟我们普遍的记忆有一些不一样?我们看到的菜市场似乎就是买菜、卖菜,但是对于你描绘的那一位红芹姐,以及其他的菜贩们来说,菜市场是他们的生计来源,在中国社会变迁过程中又变得非常无常,因此超出了一般社会交往的意义。

规避勾引性的情绪表达

严飞：在田野里，当我们认识到细节的重要性时，也连带出一个新的问题，就是如何处理被访者的情绪表达。大部分时候，被访者都会对周围的环境投射出理性的认知和判断，但是同时也会在一些关键性议题或者生命事件的回顾中，出现非理性的情绪表达。那么，我们应该如何去描绘这些情绪、情感，如何去甄别情绪背后被访者所蕴含的真实意图？

项飙：社会大众进行写作，所谓业余的记录，我觉得不太需要有什么标准，直抒胸臆就可以，所以它能有很强烈的情感在里面。

如果是一个学者在进行写作，情感、情绪会不会是一个问题？我自己没有尝试过，所以我不太有直接的经验。作为学者，现在常规的民族志里都是可以将自己的情绪变化写进去。观察对象的情感就更重要了，这是非常重要的素材。

如果变成公共科学的话，情绪、情感怎么处理会比较有趣？重要的是一定要把它分析化。当然情绪本身包括很多层次了，高兴、不高兴、愤怒、耻辱、压迫，等等，情绪有背后一系列的思考、判断在里头，在写的时候怎么样处理，要看当时具体的故事。

为什么情绪重要？情绪是社会生活很中和的一部分、人的经验很重要的一部分。情绪肯定有结构性原因,并带来结构性后果,这都是需要分析的。比如我们在日常生活里聊天,不高兴给朋友打电话,朋友肯定会问为什么,是有原因的,不能让情绪飘着走。所以情绪即使不可分析,也是可叙述的。但是学者要走得更多一点,不仅是叙述当时情绪怎么发生,同时要对叙述方式本身做出分析,要对为什么在某一个场景下这个事情会让你有这种或者那种情绪进行分析。

对于文学而言,很重要的是邀请性,就是要创造一个场景。情绪在写作当中作为一个技巧来讲,它有一种建立共情性、邀请性的作用,很容易跟读者建立一种联系,这可能是情绪需要写进去的一个原因。而对于学者而言,我们要避免一种对读者来说勾引性的情绪表达,我觉得要刻意简化。因为学者的贡献不在于勾引,而在于引起读者深度思考。

严飞:也就是说,写作时,不要诱导被访者去刻意表达情绪,同时避免勾引性的情绪,要让被访者可以如实表达情绪和态度,否则会进入圈套式的、迎合大众话语的写作之中。

项飙:情绪讲起来很复杂,它影响了我们的期许观。我们读《钢铁是怎样炼成的》《红岩》这些作品,都是非常带有情绪色彩的,那个崇高感的情绪很真实,但是这个情绪跟日常生活的情绪没有什么关系,这就形成一个非常大的问题。

对于我来讲，这种撕裂就是大家丧失了基本的叙述能力和语言来讲述自己的真实感受。日常生活里聊天可以讲，一写文章马上就是那套崇高感，自己跟自己的情感是非常疏离的。比如北京皮村的打工者诗歌，有很多是歌颂红旗、天安门前的鲜花。这些农民工住在皮村那里，每到国庆就被赶走，然后他们的诗却会这么写。这也是一种真实情绪的表达，我们就需要再分析。

我觉得技术的探讨是很重要的，并不是说技术主义、写法本身很重要，而是对写法的讨论可以起到激发大家写作热情的作用。

非虚构写作的主体性

严飞：最近一段时间非虚构写作真的很火。在这本书里，我也采用了非虚构写作的思路，希望和社会学进行一个勾连。非虚构写作的社会学意义是什么？在凸显写作者姿态的同时，非虚构写作又如何处理好真实性问题？

在回答这些问题之前，我们首先应该梳理谁在进行非虚构写作。在我看来，目前，非虚构写作的写作者，大体上可以分为三类：

第一类，写作者是新闻记者。例如袁凌写的《青苔不会消失》，这本著作就是很典型的非虚构写作的代表，书中选择了 12 位底层的人物，写出他们的人生故事。袁凌本身就是一位新闻记者，他再结合中文系的写作背景和功底，进入到非虚构写作当中。今天很多栏目、平台都有这样的专业记者进行非虚构写作，写得非常气势磅礴，具有穿透性。

第二类，写作者是日常生活的亲历者。他们可能就是不少媒体平台每天会大量接触到的来投稿的普通人，写出自己身边的故事，这是完全生活化的场景，亦可称为庶民写作。

第三类，写作者是专业学者，譬如社会学家。一个最典型的例子就是普林斯顿大学社会学系教授马修·德斯蒙德（Matthew Desmond）的著作《扫地出门》（*Evicted: Poverty and Profit in the American City*），该书曾获 2017 年普利策奖创意类非虚构奖，书中从头到尾都是以非虚构写作的笔法对城市中被驱逐出去的弱势群体的生活状态进行白描。但是在写作的过程中，这本书最大的特色是会加入研究的反思，包括研究方法的反思、自我浸入的反省，以及注释中大段的文献回顾和数据展示。这种学者视角的创作，在当下中国社会的非虚构写作里是非常稀缺的。

项飙：我认为目前主要出现了两种非虚构写作，一种是作为群众运动的非虚构写作，像"网易人间"的路线。另一种是作为思想交流的非虚构写作，涉及作为学者的公共知识分子怎样进行非虚构写作。这两部分的差别确实很大，还是区分对待比较好。其中有很多实践上的、物质上的区别——学者进行非虚构写作,以出版的形式,或在比较重要的平台上发表,要求可能都是不太一样的。

学者慢慢探索相对容易,我个人更感兴趣的还是"群众运动式非虚构写作"。我们该怎样保护、利用好"公众的表达欲很强"的趋势,让它持续下去,再慢慢积累出一些有意义和价值的东西。我认为长期的群众式非虚构写作不仅会为学者和整个社会提供语言和思考的基本材料,也能够通过写作实现他们自己心理治愈的功能。我希望通过写作带来逐渐的改变,往哪个方向改变不是可预测的,也不能规划,但是会慢慢发展出更丰富的意义,发展出更丰富的反思能力和愿望。

严飞:"群众运动式非虚构写作"实际上就是在回答一个重要问题,就是在非虚构写作中,写作者应该带着怎样的视角进入,是精英的视角,还是底层的视角?

在我看来,社会学天然带着批判的利刃和深入底层的强烈关怀。美国社会学家赖特·米尔斯(C. Wright Mills)就曾说,"他(社会学家)应当为社会所做的,就是反抗一切摧毁真实公众而创造一个大众社会的力量,或者从积极的目的看,他的目标就是帮助培养自我修养的公众",让"所有人都成为具有实质理性的人,他们的独立理性将对他们置身的社会、对历史和他们自身的命运产生结构性的影响"。

从米尔斯的这一反思出发，我也愿意更加关注普通人的视角，倾听底层的发声，写出普通人有血有肉的故事：这个故事可以是在历史的宏大变迁中跌宕流变出来的一个长时段生命历程，也可以是在当下连续的社会突变之下普通人所遭遇的一个短时段冲击，那种日常生活的断裂如何影响到每一个个体的路径选择和身份认同。

项飙：学者的确应该有公共的责任，关键是如何去表达，所以学者就很需要提升学习能力、提高思考质量，思考怎样更好地从社会大众的非虚构写作里面学到东西。学者即便想要进行非虚构写作也经常失败，原因就是没有看到社会发展中间的要害，很大程度上是被语言、被框架、被理论教条给束缚住了。学者要写出更好的非虚构作品，非常重要的是要从群众性的非虚构写作里面获得灵感和材料，要大量接触这些非虚构写作，知道各种各样的视角。

我觉得"群众运动式非虚构写作"是这三四十年以来高速悬浮式发展的中国社会在捕捉自己身边的情况，并用比较精确、细致的语言讲述出来的能力。但是捕捉、反思、化解这些问题的能力也是需要实践的，可能写作也是其中的一个工具。

与此同时，学者介入也很重要。大众的非虚构写作最后能够汇集出一个什么样的东西,应该是需要学者进行总结的。最终能够讲述出一个什么道理,这个道理需要学者重新告诉大家,大家同意不同意是另外一个问题,但是大家可以看到它有另一种思想上的层次。非虚构写作作为一个社会立场,现在它又成为一个社会实践、一个集体实践,我们是需要一定的结构去构造它、总结它的,这是集体实践需要的引导和推进。

严飞:在非虚构中,怎样选择一个好的故事、动人的故事,变成了判断一篇非虚构作品好和坏的标准。除了写好一个故事之外,也许还需要再加入一些社会科学的分析视角。

对于《扫地出门》这本书,我读后感触最深的不仅仅是"带有社会科学的问题意识"进行长期的学术观察,同时它所有的脚注都是非常严肃的,有点偏向于理论维度或者是论文题材式的论文写作风格和反思,包含数据的呈现、比照和分析,这一点是在普通的非虚构写作当中无法见到的。

我还特别喜欢黄灯的《大地上的亲人》《我的二本学生》等作品,最早的写作是她自身经历的呈现,白描式的呈现,这两本书里面把大量的故事平铺直叙地、白描式地呈现出来,这样的一种呈现在梁鸿的《梁庄十年》里也有,但其中还缺少社会科学式的深度反思:首先是要反思我们写作的问题在什么地方,我们为什么关注这些问题;第二点是研究方法是什么，为什么这些群体如此重要；第三点是这些人背后代表了一种什么样的结构性的动因。这些群体是个体的个案，同时又是一个时代的代表，是今天这样一个断裂的、悬浮的时代的代表。我觉得社会科学的写作意义就在于此，可以不断地、更好地总结这些个案中有代表性的声音和故事，并放置在一个大的时代背景之下，通过结构去思考个体的困扰，通过个体去反思结构的冲突。

项飙：我觉得非虚构写作如果能把公共主体动员起来，可能会对社会科学带来比较大的影响。因为长期的宣教式教育，包括中国社会里的精英崇拜文化，造成老百姓讨论问题时没有一种语言能够把自己的切身感受和宏大的事情联系起来。讲到大的事情，马上进入到官方语言中，而讲到自身经历，只是简单化的描述，还原为一些利益关系。

最典型的是各种赔偿问题。各种纠纷本来都是很复杂的，涉及什么是正义、什么是情感，以及历史因素等很复杂的事情，但最后都是空谈，只落脚在探讨利益和金钱关系。对于宏大概念或事件的表述话语没有比较有效的、有机的，可以深入浅出将复杂的事情和道理说明白的话语体系。这种话语的缺失使得老百姓觉得生活没意思，造成很多失重感、失方向感，导致人们不能有一套语言把自己的生活精确地表达出来。说的内容、想的内容、自己做的事情，不同场合表达的内容都不一样，人们因此会感到疲惫。

我觉得科学需要公共化。比较典型的例子就是日本的核泄漏之后，日本公民不相信政府提供的核污染数据，大家自己带着一定的仪器测试，汇集信息，这其实是具有科学价值的数据。我们现在很多科学实验其实是通过这样的公共参与来进行的，比方跟踪环境和生态变化，因为很需要知道某一种蚂蚁或者某一种蝴蝶在某一个季节在全世界怎么分布，如果大家都发动起来找踪迹，这样就可以汇总起来，促进对这个问题更全面的研究。

在看到的东西里看到东西

严飞：我最近读了梁鸿的新书《梁庄十年》，还有她之前出版的《中国在梁庄》《出梁庄记》，非常喜欢她对于一个村庄以及村庄里的诸多普通人那种长镜头式的描绘。梁鸿把自己的写作定位为"一个归乡者对故乡的再次进入，不是一个启蒙者的眼光，而是重回生命之初，重新感受大地，感受那片土地上的亲人们的精神与心灵。它是一种展示，而非判断或结论"。重新在情感和生活上与他人建立联系，而非抛弃、否认意识形态和社会地位带来的价值判断，作为一个展示者而非定义者，是梁鸿对如何平等地进行田野考察的答案。

我又读了淡豹的小说集《美满》，其中有几篇短篇小说，我读后有一种身临其境的真实带入感。有一篇小说《山河》，描写的是一位家政女工和一位已婚的维修工相爱之后有了私生子，家政女工作为单亲妈妈独自抚养女儿长大。其中具体场景的描写、女儿的心态、对于爸爸的认知，写得非常真实，有些场景仿若就在眼前发生一样。很明显，为什么会有这种身临其境的带入感，背后一定有真实的故事底色在，但是怎样鉴定或者是甄别虚构和非虚构的边界，我自己还没有办法判断其中的标准。

项飙：非虚构写作确实是需要很多创造性，它一个很重要的创造性就是来自它的局限性，你的所有的想象必须是来自你在实证上可以证明你看到的东西。

如果说你看到的是一种情绪，那你必须要描述它，必须要通过实际看到的东西描述出来那个情绪。我比较担忧的一点是，在中国公共场域和思想领域里面，人们经常在看不到的东西里面看到东西，产生了各种意识形态化的、很抽象的东西。网上的"情绪"为什么变得大起大伏，或者产生观点上的断裂、紧张和对立？很多都是因为大家在没有看到的东西里面看到东西，凭空进行情绪化的想象。

严飞：非虚构写作有一个很重要的维度，就是对日常生活的深度挖掘，看见日常生活中那些我们常常习以为常、司空见惯的生活图景背后所隐藏的故事。关于"在看得见的事物里面挖掘本质",从历史学的角度来说,所有可见的材料其实都是别人让你看见的。那么从历史维度出发,我们该怎样理解呢?

项飙:这涉及整个认识论和方法论的问题,在我理解中,历史学家的工作,就是要"在看到的东西里看到东西",而且比社会学家更要往这个方向走。为什么?历史学家能够看到的东西是比较有限的,就是材料。你的功夫在哪里呢?是在你现在有的、你看到的材料里面,看到以前别人没有看到的东西,你不能够自己去想象、去编造。在历史学的发展过程中,所有的范式转变,其实都是靠这个办法做出来的。有的时候,比如说做冷战史,跟官方档案的解密有关系;如果做远古史,当然跟新的考古发现有关系,但是你要做一个比较常规的,比如说现在做一战史、二战史,怎么进行推进,就是要在看到的东西里面看到原来没有看到的东西。

原来没有看到的东西,我想强调,这个东西原来就是在那里的,只是原来没有看到而已,这个是"在看到的东西里看到东西"的意思。举个具体的例子,比如说布罗代尔的年鉴学派,谷物的价格、轮船行驶的距离、基本日常生活里面油盐酱醋交易的来来往往,这些材料原来都是在那里的,但是原来人们觉得没有什么意思,因为它讲不出什么道理,跟理论挂不上钩,所以明明在我们眼前,我们就不去看它。"附近"也是这个意思,都是取决于眼睛的问题,取决于我们怎么去看。

严飞:我们如何处理社会科学的理论和非虚构写作讲好一个故事之间的张力?台湾社会学家叶启政就曾说过,社会学家都是讲故事的人(story teller),那么在学术创作的过程中,我们又应该怎样讲故事?

项飙:社会科学里的故事和理论,在不同的阶段应该有不同的重点。现在的重点是中国的社会科学中的"好故事"已经很泛了,但叙述能力不够。这又回到了历史学的功能,为什么在西欧,很长一段时间里,黑格尔都非常重要?到了19世纪,为什么大家认为历史学那么重要,历史学对于社会科学那么重要?在德国就有过很大的争论:究竟社会科学是干什么的?社会科学跟自然科学有什么不一样?社会科学跟神学有什么不一样?那个时候大家的结论是认为,社会科学和自然科学最重要的一个差别是历史,因为其他的都可以用自然科学的办法来解释,但是人有记忆,在历史这一块儿是独特的,社会对人的自我反思是独特的。历史是什么呢?历史很重要的一点在于,历史本身不是理论,历史本身是叙述,而且它是一个比较开放的叙述,所以才有各种史观、各自对历史的叙述方式，所以才会不断对历史重新进行叙述。历史学无非就是刚才讲的，看到新的东西，不断对叙述方式进行改变。

所以整个在这样的叙述和不断重新叙述的过程当中，理论开始出现。马克思的政治经济学理论，可能是我们认为在社会科学里面理论化程度最高的，基本上是历史性的学术。韦伯离不开历史，黑格尔哲学基本上也是历史叙述，到现在比较流行的福柯，福柯基本重要的理论观点全部是来自历史，关于人性的观念在历史上的改变，他在历史当中梳理出一些形态，这个形态成为我们理论的基础。

关于理论和叙述，因为我们是后发展国家，理论都是外面过来的，跟我们自己的生活经验很有距离，所以就形成了一种感觉：理论跟直观的叙述差别很大。但是从缘起来讲，如果没有直观的叙述，是不可能有理论的，而且理论必须要跟直观的叙述结合起来，否则的话，这个理论映照不到真实的生活里面来，跟传教士讲的东西、"跳大神"讲的那一套东西就一样了。叙述，在现在来讲是非常重要的。

叙述、反复叙述，可能就引起了一个问题：什么是好的叙述？也就是，叙述的精确性靠什么判断？其实判断也是比较容易的，就是人的直观。大家生活在那里，你概括的是不是比较精准，要做到精确是很难的；如果你叙述得比较精确了，这个其实已经是一种理论形态。什么是理论？理论就是一个好的叙述。比如所有的物理理论中，什么是好的物理理论？好的物理理论是水烧到100度，在正常的气压下会沸腾，这是一个叙述。爱因斯坦说如果我们行动的速度超过光速的话，时间会倒退，这就是一个叙述，也可以认为是一个故事。所以，理论就是一种叙述，但是有的时候，理论会呈现出好像是逻辑推理的样式，只不过是它这个理论的一种浮现形态。

讲到最后，我想说，"叙述"是我们现在的重点，这也是为什么我觉得非虚构写作特别重要，特别是群众性的非虚构写作，因为它会推进我们的叙述。